El arte de influenciar

Tommy Spaulding

El arte de influenciar

Cómo provocar un impacto duradero
y que cambie tu vida
en tus interacciones cotidianas

EDICIONES OBELISCO

Si este libro le ha interesado y desea que le mantengamos informado de nuestras publicaciones, escríbanos indicándonos qué temas son de su interés (Astrología, Autoayuda, Ciencias Ocultas, Artes Marciales, Naturismo, Espiritualidad, Tradición…) y gustosamente le complaceremos.

Puede consultar nuestro catálogo en www.edicionesobelisco.com

Colección Psicología
El arte de influenciar
Tommy Spaulding

1.ª edición: noviembre de 2023

Título original: *The gift of Influence*

Traducción: *Jordi Font*
Corrección: *M.ª Jesús Rodríguez*
Diseño de cubierta: *Enrique Iborra*

© 2022, Tommy Spaulding
Esta edición ha sido publicada por acuerdo con Currency,
sello editorial de Random House, división de Penguin Random House LLC.
(Reservados todos los derechos)
© 2023, Ediciones Obelisco, S. L.
(Reservados los derechos para la presente edición)

Edita: Ediciones Obelisco, S. L.
Collita, 23-25. Pol. Ind. Molí de la Bastida
08191 Rubí - Barcelona - España
Tel. 93 309 85 25
E-mail: info@edicionesobelisco.com

ISBN: 978-84-1172-072-4
DL B 17319-2023

Impreso en los talleres gráficos de Romanyà/Valls S. A.
Verdaguer, 1 - 08786 Capellades - Barcelona

Printed in Spain

Dedicado a mi hijastro, Anthony.
Gracias por servir a nuestro país y por ser un regalo en mi vida.

Prólogo

CINCUENTA CARTAS

Cincuenta y un días antes de mi quincuagésimo cumpleaños, viajé con Southwest Airlines con destino a Denver. Fue un vuelo muy movido y la señal del cinturón de seguridad se mantuvo parpadeando. Cuando iniciamos el descenso, nos topamos con una zona de turbulencias y el avión descendió unos centenares de pies. El equipaje cayó, las bebidas se derramaron y los pasajeros gritaron. Como mucha gente hace en estas situaciones, me puse a rezar. Salvo que no rezaba para que el avión se recuperara su altitud, sino para que se estrellara.

Quería dejar de vivir. Si el avión hubiera caído, mi familia hubiera conseguido un buen acuerdo con el seguro y yo podría haber tenido una muerte digna sin que nadie supiera lo dolorosa que se había vuelto mi vida. Pero el 737 consiguió estabilizarse y aterrizamos sanos y salvos en Denver. Mientras observaba a los otros pasajeros desabrocharse los cinturones de seguridad, enviar mensajes de texto a sus seres queridos y continuar con sus vidas, sentí una terrible ola de vergüenza. Un accidente de avión habría resuelto mis problemas, pero los otros pasajeros del avión no deseaban morir. Los problemas de una persona no valen la vida de cien personas inocentes.

La verdad es que en ese momento había perdido toda esperanza. No podía ver lo bueno de las personas; sólo veía cinismo, engaño y odio. Era el resultado de una tormenta perfecta de tres situaciones horribles que colectivamente habían llegado al punto álgido.

El primero involucraba al exesposo de mi esposa, Jill. Cuando conocí a Jill hace casi veinte años, estaba divorciada y tenía un hijo de tres años, Anthony. Inmediatamente me enamoré de los dos y proponerle matrimonio sigue siendo la mejor decisión que he tomado en mi vida. Cuando Jill y yo tuvimos nuestros propios hijos, estaba decidido a que Anthony se sintiera igualmente amado. También estaba decidido a incluir a su padre, Mike, en nuestra familia.

Al principio, a Mike no le gustaba la idea de otra figura paterna en la vida de Anthony, pero se entusiasmó conmigo. Jill y yo lo invitábamos en los cumpleaños y otros días festivos. Mike y yo fuimos a ver partidos de hockey con Anthony. Incluso pasamos unas vacaciones juntos en México como una gran familia. Pero a medida que Anthony y yo nos íbamos acercando, Mike se volvió verbalmente abusivo conmigo. Cuando las amenazas comenzaron a ser serias, llamé a la policía y un juez dictó una orden de alejamiento de por vida: su acoso se había vuelto muy grave. Pero el daño ya estaba hecho y la terrible experiencia llevó a mi familia al límite.

La segunda situación involucró a una mujer con la que me había asociado para implementar un programa de desarrollo de liderazgo para organizaciones. Tenía mucho talento, pero después de seis meses quedó claro que nuestros valores no coincidían y me retiré del negocio. Unos meses más tarde, mi familia, mis amigos y mis clientes más cercanos se reunieron con motivo de la publicación de mi segundo libro, *The Heart-Led Leader*. Fue uno de los momentos más felices de mi vida, hasta que un hombre se acercó a la mesa en la que estaba firmando libros para entregarme unos papeles. Mi antigua socia me reclamaba la mitad de todos mis derechos de autor y honorarios de orador futuros. Su abogado me amenazaba con arruinarme si no aceptaba. Cuando abordé ese vuelo de la Southwest, la demanda me había costado más de cien mil dólares en abogados.

Finalmente, mientras batallaba en los tribunales, tomé la peor decisión comercial de mi vida: compré una franquicia de una cadena de sándwiches. Tenía el sueño de contratar a niños de secundaria desfavorecidos y enseñarles habilidades de liderazgo en el puesto de trabajo. Lo tenía todo planeado, excepto cómo administrar una tienda de sándwiches. La ubicación de mi tienda era horrible, estaba ligado a un contrato de alquiler a largo plazo y en poco tiempo estaba perdiendo más de 10 000 dólares al mes y me encontraba al borde de la bancarrota.

Esencialmente estaba viviendo dos vidas. La primera era como Tommy Spaulding, autor de éxitos de ventas que daba conferencias inspiradoras ante multitudes. Este Tommy Spaulding era un experto en liderazgo con una familia totalmente estadounidense que hacía *coaching* a todo el mundo, desde directores ejecutivos de la lista Fortune 500[1] hasta estudiantes de secundaria. Pero, cuando las luces se apagaban y la multitud se iba a casa, cuando los cheques se compensaban y la música se apagaba, yo era Tommy Spaulding, el fabricante de sándwiches fallido que vivía fuera con una maleta. Este Tommy Spaulding tenía una demanda de millones de dólares y viajaba por trabajo 250 días al año para no tener que renunciar a su casa o sacar a sus hijos de la escuela privada. Este Tommy Spaulding conocía gente nueva e imaginaba todas las formas terribles en que tratarían de hacerle daño y aprovecharse de él. Este Tommy Spaulding enseñaba habilidades de liderazgo a miles de personas, luego se subía a un avión y rezaba para que se estrellara.

A la mañana siguiente de ese vuelo, estaba tumbado en la cama. Era la primera vez en semanas que me hallaba en casa. Normalmente soy madrugador, pero me sentía tan deprimido que era incapaz de levantarme. Mi mente estaba inquieta por todas las cosas que tenía que hacer, todo el dinero que debía gastar en abogados, toda la gente que me había hecho daño. Entonces, sin avisar, Jill irrumpió en la habitación con una docena de globos. Abrió de golpe las cortinas y nos inundó la brillante luz del sol. Mis ojos apenas tuvieron tiempo de adaptarse antes de que saltara sobre la cama y sonara «Birthday» de los Beatles a todo volumen en un altavoz *bluetooth*.

—¡Es tu cumpleaños! –gritaba mientras bailaba encima de mí–. ¡Es tu cumpleaños!

«¡Oh, Dios mío!», pensé, todavía medio dormido. Pensé que era yo el que estaba perdiendo la cabeza.

—Cariño, mi cumpleaños no es hasta el 31 de agosto –dije con la voz ronca.

---

1. Lista publicada cada año por la revista *Fortune* que presenta las 500 empresas estadounidenses más grandes según su volumen de ventas. En 2022, las tres mayores fueron, de mayor a menor, Walmart, Amazon y Apple. *(N. del T.)*

—No, Tommy –dijo ella mientras Paul y John cantaban «They say it's your birthday / We're gonna have a good time»–.[2] Hoy faltan exactamente cincuenta días para que cumplas cincuenta años. Y vas a recibir hoy tu primer regalo.

—¿Me has comprado el Porsche? –bromeé.

Cuando Jill me preguntó unos meses antes qué quería para mi cumpleaños, le dije un Porsche 911 plateado. No podíamos permitírnoslo, pero conducirlo por Denver con la capota bajada era, literalmente, la única forma que podía imaginar de ser feliz.

—No –dijo Jill, todavía saltando sobre mis piernas–. Te tengo algo mucho mejor.

Entonces se bajó de la cama, bajó el volumen de la música y me entregó una carta escrita a mano. Y continuó hablando:

—Como te he dicho, faltan cincuenta días para que cumplas cincuenta años. Te voy a regalar una de éstas cada uno de estos cincuenta días. Aquí va la primera.

Sentí un peso en la boca del estómago cuando reconocí la elegante caligrafía. Era de mi madre. Ella y yo tuvimos una relación buena pero desafiante cuando yo era niño. Mi madre me quería profundamente, pero tenía una manera única de demostrarlo. Gobernaba la casa con mano de hierro y me encargaba más tareas que a todos mis amigos juntos. Una cosa que no podía soportar era que, después de mis fiestas de cumpleaños, arrojara una pila de papeles en blanco sobre la mesa. «Ahora escribe una nota de agradecimiento a todas las personas que han venido a la fiesta», exigía. Tuve grandes cumpleaños católicos italianos cuando era niño, así que tenía que escribir docenas y docenas de cartas. Ella las revisaba una a una, y si alguna parecía genérica o carecía de sentimiento, tenía que volver a escribirla.

Pero ahora, décadas después, me estaba escribiendo una carta para mi cumpleaños. Era lo más hermoso que jamás había leído. Me explicaba cuánto me quería. Me decía lo orgullosa que se sentía de las cosas que estaba haciendo por todo el mundo y de todas las vidas que había

---

2. «Dicen que es tu cumpleaños / Vamos a pasarlo bien». La canción «Birthday» aparece en el disco *The Beatles*, editado en 1968. *(N. del T.)*

cambiado. Leí y releí esa carta, y cada vez lloré más. Finalmente miré a Jill, que también estaba llorando.

—Feliz cumpleaños, cariño –dijo.

Jill me entregó otra carta cada uno de los siguientes cuarenta y nueve días. Mi amigo Byron me dio las gracias por cambiar la vida de sus dos hijos. Mi agente literario, Michael, me dijo que ahora es más amable con la gente gracias a mi influencia. Mi mentor Jerry me dijo que me quería como a un hijo. Mi técnico de climatización, Russ, escribió que le había enseñado a amar profundamente. Etcétera, etcétera. Todo el mundo me decía no sólo cuánto me querían, sino cuánto había influido en ellos. Cómo los había ayudado a ser mejores hijos, mejores hijas, mejores padres, mejores parejas, mejores jefes. Cómo les había enseñado a liderar y cómo los había inspirado a servir a los demás. Ahora, en mis peores momentos, me estaban influenciando con sus hermosas cartas. Y me salvaron la vida.

Con cada día que pasaba, con cada carta, la niebla se disipaba. Mis tres terribles problemas parecían más manejables. Los abogados parecían menos desagradables. Mi depresión parecía menos profunda. Ya no era el hombre que se subía a un avión y rezaba para que se estrellara. Puede que Jill no me hubiera regalado un Porsche plateado por mi quincuagésimo cumpleaños, pero me había regalado algo infinitamente más importante.

Me dio *El arte de influenciar*.

80 000

Imagina esta escena: dentro de muchos años, después de morir rodeado de tus seres queridos, entrarás en el crepúsculo nebuloso entre la vida y la muerte. Todavía no estás en el cielo, sino junto a un enorme estadio. Para mí, es el Empower Field at Mile High (Colorado), hogar de los Denver Broncos. Para ti, tal vez sea el Lambeau Field en Green Bay (Wisconsin); el MetLife Stadium en East Rutherford (Nueva Jersey); el Notre Dame Stadium en Indiana; el Estadio Nacional de Beijing, o el estadio de Wembley en Londres. El recinto está lleno hasta la bandera: 80 000 personas. Pero esas personas no están allí para ver un espectáculo deportivo. Están allí para despedirse de ti.

La multitud murmura y se pone de pie cuando te acercas al centro del campo. Muchos de los rostros son de personas que conoces: amigos, familiares, vecinos, compañeros de trabajo… Pero a los demás sólo lo reconoces vagamente: antiguos clientes y empleados, amigos de amigos, compañeros de clase, tu electricista, el entrenador de baloncesto de tu hija, el cartero… Éstas son las relaciones transaccionales en tu vida en las que rara vez piensas. Las personas que no recuerdan tu nombre, pero que recuerdan cómo las trataste. ¿Estarán estas 80 000 personas vitoreándote, aplaudiendo y coreando tu nombre para darte las gracias por la influencia positiva que has tenido sobre sus vidas? ¿O se quedarán en silencio? Peor aún, ¿la multitud abucheará y maldecirá tu nombre?

Aquí surge una pregunta aún más importante: si supieras, justo en este momento, que todas las personas a las que has influenciado te estarían esperando en un estadio al final de tu vida, ¿cómo te afectaría hoy? ¿Dirigirías y amarías de manera diferente? ¿Tratarías a la gente un poco diferente? ¿Quizás muy diferente?

Hace unos años, mi programa juvenil sin ánimo de lucro, la National Leadership Academy, organizó nuestra recaudación de fondos anual Book-n-Benefit. Siempre presentamos un discurso inaugural de un autor superventas, y ese año invitamos a mi amigo Jon Gordon, autor de *El bus de la energía*,[1] *El poder de un equipo positivo*[2] y otros libros superventas. Adoro a este hombre, y me encuentro entre los millones que leen religiosamente sus libros. Jon es un orador sensacional y, como el resto de la audiencia ese día, estaba pendiente de todas y cada una de sus palabras.

Al terminar su intervención, Jon dijo algo que me conmovió profundamente: «He oído hablar sobre un estudio reciente que demuestra que una persona normal influirá sobre la vida de unas 80 000 personas, positiva o negativamente».

Sentí que todo se quedó en silencio mientras asimilábamos esas palabras. «Influenciamos a 80 000 personas en nuestras vidas». Empecé a hacer cálculos en mi cabeza. Si divides 80 000 por la esperanza de vida media (78 años), obtienes 1025 personas afectadas al año o, lo que es lo mismo, 2,8 personas al día. Todos los días, dos o tres personas se cuelan en tu estadio y se preparan para animarte, abuchearte o simplemente sentarse tratando de averiguar quién eres. Puedes elegir ser una buena influencia o puedes elegir ser una mala. Es así de sencillo. ¿Se llenará tu estadio con 80 000 vítores o con abucheos? La decisión es tuya. Las 80 000 personas de tu estadio no recordarán cómo las manejaste o las dirigiste. No recordarán qué productos les vendiste o qué servicios les ofreciste. Simplemente recordarán tus acciones y tus palabras que cambiaron sus vidas: tu legado de influencia.

En su sentido más básico, «influencia» significa tener un efecto duradero sobre el carácter o el comportamiento de otra persona. Dicho de otra manera, las personas en los estadios más bulliciosos, esos campos ruidosos en los que la gente del gallinero incluso golpea las vallas y grita, son las más influyentes. No te culpo si esa palabra te hace tem-

---

1. *El bus de la energía: Diez reglas para llenar de energía positiva tu vida.* Urano, Madrid, 2011. *(N. del T.)*
2. *El poder de un equipo positivo: Prácticas y principios probados para formar un equipo ganador.* Urano, Madrid, 2019. *(N. del T.)*

blar. Sigue adelante y busca en Google la palabra «*influencer*»[3] y mira qué aparece. Los principales éxitos son sitios como «Marketing de *influencers*», «Los mayores *influencers* en TikTok» o «Cómo ganar dinero siendo un *influencer* en las redes sociales». En otras palabras, ser un *influencer* va de ganar dinero haciendo que otras personas compren cosas. Sí, no es exactamente el mensaje más inspirador del mundo. Tal vez si eres una de los Kardashians, tendrás un estadio lleno de personas que han comprado productos gracias a tus publicaciones en Instagram. Pero para el resto de los mortales, ser una persona influyente significa algo mucho más personal.

Una de las personas más influyentes que conozco es mi esposa, Jill. Cuando me encuentre en su estadio un día animando furiosamente, no voy a pensar en cómo me influenció para afiliarme al Marriott Vacation Club, sino que estaré pensando en cómo me salvó la vida con sus cincuenta cartas. La verdad es que «influencia» se ha convertido en una palabra negativa. Se asocia con manipular a las personas, con conseguir que hagan algo que te beneficie. Si bien es fácil culpar a Kylie Jenner, Dwayne «The Rock» Johnson y otras estrellas de las redes sociales a quienes se les paga millones de dólares por publicar sobre el tequila, la palabra «influencia» se degradó mucho antes de que se inventara Instagram.

El libro por excelencia sobre la influencia es *Cómo ganar amigos e influir sobre las personas,*[4] de Dale Carnegie. Desde su publicación en 1936, el libro ha vendido más de treinta millones de copias y ocupa el puesto número 19 en la lista de la revista *Time* de los cien libros más influyentes. He hablado mucho sobre cómo Dale Carnegie cambió mi vida, sobre cómo su libro hizo que enviara notas manuscritas, formulara preguntas significativas, evitara conflictos innecesarios y conectara con la gente. Me encantaba *Cómo ganar amigos e influir sobre las personas* y todavía me gusta, pero a medida que iba madurando, comencé a leerlo más detenidamente. Por ejemplo, éstos son algunos de los títulos

---

3. La palabra ni siquiera aparece en el *Diccionario de la lengua española* y he preferido utilizar la expresión «persona influyente» y reservar *influencer* para referirme única y exclusivamente a aquellas personas que ejercen su influencia en las redes sociales. *(N. del T.)*
4. Ediciones Obelisco, Barcelona, 2011.

de los capítulos: «Aumentar su popularidad», «Lograr que los demás piensen como usted», «Permitirle ganar nuevos clientes» y «Aumentar su capacidad para generar ingresos». Carnegie incluso nos enseña cómo «dejar que la otra persona sienta que la idea es suya». ¿Ves un patrón?

Todo depende de ti.

¿Crees que las 80 000 personas que llenaron tu estadio recordarán cómo las convenciste para que pensaran como tú? Probablemente no. Te animarán porque las ayudaste a ser mejores padres, mejores cónyuges, mejores hermanos, mejores gerentes y líderes. Recordarán cómo las inspiraste a convertirse en mejores seres humanos. Recordarán los tiempos en que las quisiste y las serviste. Te vitorearán porque invertiste verdaderamente en ellas. Necesité media vida para entender que no es lo que puedes conseguir de esas 80 000 personas, sino lo que les das.

En mi primer libro, *It's Not Just Who You Know*, escribo sobre la importancia de construir relaciones genuinas y duraderas. Comparto que invertir desinteresadamente en la vida de los demás es lo más importante que podemos hacer por nosotros mismos, por nuestras organizaciones, por nuestras comunidades y por nuestro mundo. En mi segundo libro, *The Heart-Led Leader*, trato cómo los líderes auténticos viven y lideran desde el corazón, y cómo sirven a los demás antes que a sí mismos. Pero en los años posteriores, me he enfrentado a algunas preguntas candentes: ¿Qué habilidades específicas necesitan los líderes para tener un impacto capaz de cambiar la vida? ¿Qué hábitos practican cotidianamente? ¿Qué decisiones tomamos inconscientemente día tras día que tienen un gran impacto sobre los demás? Y finalmente, y lo más importante, ¿cuál es el mayor legado de un líder?

La respuesta a esa última pregunta, como probablemente ya habrás adivinado, es la influencia. En este sentido, es fácil definir la mala influencia. Probablemente hayas tenido uno o dos jefes que hayan tratado de influir en ti a través del dominio y la manipulación. Estas personas confían en el miedo y la intimidación para conseguir lo que quieren. Por otro lado, es posible que hayas tenido ese jefe que siempre ha reconocido tus esfuerzos, nunca te ha echado el muerto encima y ha invertido en tu carrera. En la escuela, tal vez tuviste un profesor que te dio una segunda oportunidad después de una mala nota o que siempre hizo que aprender resultara divertido. O un amigo que siempre ha dado la cara por ti en tus momentos más difíciles.

Algunas personas influyentes pueden ser directores ejecutivos, entrenadores o presidentes, pero la mayoría lleva vidas más tranquilas. Construyen relaciones auténticas y dan sin esperar nada a cambio. Constantemente se preguntan «¿Cómo puedo ser útil hoy?». He tenido la suerte de conocer a miles de personas influyentes en mi vida, la inmensa mayoría de las cuales no has oído hablar nunca de ellas. He conocido personas influyentes de muchas razas, géneros y orientaciones sexuales. Son originarias de diferentes países. Algunas votan a los demócratas y otras a los republicanos. Viven en entornos rurales y en las grandes ciudades. No tienen casi nada en común excepto cuatro rasgos fundamentales: la capacidad de animar, abrazar, actuar y entregarse a los demás, en otras palabras, de LIDERAR.[5]

En los próximos cuatro capítulos, voy a contarte cuatro historias sobre cuatro personas excepcionales que encarnan esas cualidades: un profesor de matemáticas de secundaria, un jugador de hockey de nueve años, un líder de una pandilla y una monja católica. No puedo pensar en cuatro personas que sean menos parecidas, excepto en su capacidad para liderar e inspirar a otros a través del poder de la influencia positiva. Después de eso, profundizaremos en lo que significa LIDERAR a otros. Significa llegar al corazón mismo de la influencia: interés, inversión e intención, o lo que yo llamo «las tres íes de la influencia».

Ésta es la promesa que te hago: si te comprometes a vivir una vida de influencia positiva, ya no volverás a ver nunca más tus relaciones personales y profesionales de la misma manera. Si te comprometes a construir una cultura de influencia en tus equipos y dentro de tus organizaciones, serás testigo de unos resultados y unos éxitos sin precedentes. Terminarás cada día sabiendo que has cambiado la vida de alguien para mejor. Y como descubrí durante los cincuenta días previos a mi quincuagésimo aniversario, cuando estés hecho polvo, cuando la

---

5. En inglés, *lead* («liderar») coincide con las iniciales de *lift* («animar»), *embrace* («abrazar») *act* («actuar») y *devote* («entregarse»). En la traducción se pierde este juego de palabras. *(N. del T.)*

vida te haya dado limones, las mismas personas sobre las que has influido a lo largo del camino te levantarán y te llevarán a casa.

Como he llegado a aprender, el liderazgo no va de influencia. El liderazgo es influencia. Las 80 000 personas que conocerás a lo largo de tu vida serán mejores o peores según la influencia positiva o negativa que hayas tenido sobre ellas. La decisión es tuya. Sigue leyendo: emprenderemos un viaje para comenzar a llenar tu estadio.

PARTE I

Cuatro ejemplos de personas influyentes

Animar: Treinta y seis hojas de papel

¿Alguna vez has oído una historia inolvidable, una en la que no puedes dejar de pensar durante días, meses o incluso años? Este tipo de historias no sólo son conmovedoras; nos hacen repensar fundamentalmente nuestras suposiciones. Cambian la forma en que vemos y tratamos a otras personas. Cambian la forma en que vivimos y lideramos.

Estoy a punto de contarte una de estas historias. Cuando la oí por primera vez, todo pareció detenerse, como si el tiempo mismo hubiera ralentizado su implacable avance sólo para asegurarse de que escuchaba la historia de una maestra de secundaria llamada Ms. Lynn. Gracias a un sencillo ejercicio en clase un luminoso día de primavera, enseñó a un aula llena de estudiantes de octavo[1] que no importa cuán solos se sientan, que por muy oscura y fría que se vuelva la vida, son queridos.

Hollywood no ha hecho ninguna película sobre Ms. Lynn. Te garantizo que nunca has oído hablar de ella. Pero la historia de Ms. Lynn me conmovió más que cualquier película o cualquier libro porque ilustra maravillosamente el poder simple y asombroso de levantar a los demás. En el fondo, eso es de lo que se trata la influencia. No es decirle a la gente lo geniales que son; es *mostrarles* lo geniales que son. Levantar a alguien significa identificar momentos –independientemente de lo insignificantes que puedan parecer– para demostrar que importan.

Una vez que hayas leído sobre Ms. Lynn, te reto a que pongas el freno. Disminuye la velocidad a medida que vas viviendo tu vida cotidiana. Disminuye la velocidad cuando interactúes con tus compañeros de trabajo, disminuye la velocidad cuando cenes con tu familia, dismi-

---

1.   Corresponde a adolescentes de 13-14 años. *(N. del T.)*

nuye la velocidad cuando encargues comida en un restaurante. Disminuye la velocidad y sé consciente de las personas que te rodean y pregúntate: ¿Cómo puedo levantarlas, aunque sea sólo un poco?

UN CÁLIDO Y SOLEADO VIERNES DE MARZO DE 1962, una profesora de treinta años llamada Ms. Lynn entró en su clase de matemáticas de octavo. Era la última clase del día antes de que comenzaran oficialmente las vacaciones de primavera, y Ms. Lynn se tomó un momento para captar la energía reinante en la sala.

Ahora, imagina que vuelves a estar en octavo. Ya de por sí, tu mente no está excesivamente centrada en la geometría. ¿Pero a las tres en punto de la primera tarde hermosa después de un largo y frío invierno? ¿Sólo cincuenta minutos antes del comienzo de una semana de vacaciones? Olvídalo.

Ms. Lynn vio a dos niños que estaban manteniendo un combate de lucha libre y a tres niñas que se pasaban notas en la tercera fila. En un rincón una niña se estaba frotando los ojos, rojos e hinchados. Su nombre era Betty, y Ms. Lynn sabía que sus padres estaban divorciándose. El resto de la clase estaba mirando ansiosamente por la ventana, con la esperanza de disfrutar de un breve atisbo de la primavera. Miró su programa de clases: el teorema de Pitágoras. No había forma de que la clase absorbiera $A^2 + B^2 = C^2$ y por qué era importante calcular la hipotenusa de un triángulo rectángulo. De todos modos, la mayoría de los profesores seguirían adelante con la lección. Pero Ms. Lynn no era como la mayoría de los profesores.

Después de calmar a los niños que se estaban peleando y decirles a las niñas que guardaran sus notas, sacó una página de una carpeta de tres anillas y se la mostró a la clase.

—¿Veis esta hoja de papel? Ésta es mi clase para hoy.

Treinta y seis pares de ojos la miraron fijamente y a continuación volvieron a mirar por la ventana. Con una leve sonrisa, Ms. Lynn la rompió y tiró los trozos a la papelera. La clase estalló en aplausos. Incluso Betty, aun esforzándose por contener las lágrimas, mostró una pequeña sonrisa en su rostro.

—Esto es lo que vamos a hacer hoy –prosiguió Ms. Lynn–. Sacad todos una hoja de papel y un lápiz.

Había conseguido captar la atención de todos. De los que se estaban peleando, de las que se estaban pasando notas, de Betty… Todos rebuscaban en sus escritorios. Mientras tanto, Ms. Lynn escribió en la pizarra el nombre de pila de cada alumno.

—En el lado izquierdo de vuestro papel, quiero que hagáis lo mismo que yo estoy haciendo. Escribid el nombre de pila de todos los compañeros de clase.

Todos se pusieron a escribir rápidamente con un revuelo de energía excitada. Había algo muy diferente en aquella clase.

—Está bien –dijo Ms. Lynn cuando todos acabaron de escribir–. Ahora quiero que escribáis al lado de cada nombre una palabra o una frase que resuma lo que os guste, admiréis, respetéis o apreciéis de esa persona. Algo positivo que hayáis notado en ella. ¿Lo entendéis?

Treinta y seis cabezas asintieron y de nuevo se pusieron todos a escribir rápidamente. Los que se habían estado peleando miraban fijamente la página, levantando sólo ocasionalmente la cabeza para examinar a la siguiente persona de la lista. Las que se habían estado pasando notas escribían más rápido de lo que sus cerebros podían pensar, y se tenían que parar a menudo para apartar restos de goma de borrar del papel. Incluso los ojos de Betty parecían menos rojos mientras iba pensando en cada uno de los nombres y escribía lo que admiraba de ese compañero de clase con su caligrafía enlazada. Por primera vez en la historia de la clase de matemáticas de Ms. Lynn, no hubo ni un solo pío durante cincuenta minutos. Cuando sonó el timbre, los estudiantes se apresuraron a terminar sus listas y Ms. Lynn los dejó salir, libres por fin para disfrutar de las vacaciones de primavera.

Durante sus vacaciones, esto es lo que Ms. Lynn hizo en casa: sacó treinta y seis hojas de papel en blanco y en la parte superior de cada una de ellas escribió el nombre de un alumno de octavo de su clase. Luego escribió debajo todos los elogios que sus compañeros habían escrito sobre él. Esto significa que tuvo que escribir y ordenar 1260 mensajes. Necesitó toda la semana.

El lunes después de las vacaciones de primavera, regresaron los alumnos de Ms. Lynn, bronceados y con rasguños y moretones recientes de una semana de aventuras. Cuando comenzó la clase, la profesora entregó su lista a cada estudiante. Observó sus rostros mientras leían lo que sus compañeros habían escrito de ellos. Algunos se rieron. Algunos se sonrojaron. Hubo algunas lágrimas, incluso entre los chicos. Pero todos estaban radiantes.

Y entonces el ejercicio había terminado. Ms. Lynn volvió a sus explicaciones sobre el cálculo de la hipotenusa de un triángulo rectángulo. Los estudiantes guardaron en sus mochilas las hojas de papel que su profesora de matemáticas había preparado con tanto cuidado. Sus ojos se volvieron hacia la ventana y pensaron en enamoramientos, amigos, deportes, vacaciones de verano y todo lo demás que divaga por la mente de un estudiante típico de octavo. En poco tiempo llegó el final de curso y los estudiantes de Ms. Lynn pasaron a la escuela de secundaria.

Transcurrieron algunos años. Esto era ahora a finales de la década de 1960 en Estados Unidos, con la guerra de Vietnam en pleno apogeo. En 1968, más de medio millón de estadounidenses luchaban en la selva contra un nuevo tipo de enemigo que utilizaba tácticas de guerrilla y trampas explosivas. Los soldados caminaban por ríos y pantanos y todo tipo de infiernos, sin saber cuándo se produciría el próximo ataque, quién sería el próximo en ser atacado por un francotirador o quién sería el próximo en hacer explotar una mina terrestre.

Un día, Ms. Lynn estaba revisando trabajos en su sofá cuando sonó el teléfono. La mujer del otro lado apenas podía mantener la compostura. Le explicó que su hijo Mark había muerto durante la batalla de Khe Sanh mientras defendía una base militar del ejército norvietnamita. Se sentirían honrados si ella acudía a su funeral. Ms. Lynn hizo memoria y finalmente recordó a Mark: era uno de los que chicos que se estaban peleando en su clase de matemáticas. Se sentó en su sofá, atónita. Parecía que fuera ayer cuando Mark estaba holgazaneando en su mesa, con un destello en los ojos y el leve indicio de un bigote sobre su labio, con toda la vida por delante. Y ahora se había ido.

Ms. Lynn acudió al funeral y permaneció de pie durante mucho tiempo fuera de la iglesia, mirando las fotos de Mark allí expuestas. Había un retrato de él con su uniforme de gala. Parecía apuesto, mucho más grande que el chico que ella recordaba, pero conservaba la misma sonrisa. Después del servicio, los padres de Mark invitaron a

Ms. Lynn a su casa, donde estaban organizando una pequeña celebración de su vida. Al llegar, reconoció a otros miembros de su clase: estaban el chico que se peleó aquel día con Mark, las chicas que se estaban pasando notas e incluso Betty, que había superado el divorcio de sus padres y se había convertido en una mujer joven y bella. Ms. Lynn se quedó nerviosa en un rincón. La mayoría de estas personas conocían íntimamente a Mark desde hacía años; fueron contando historia tras historia sobre su amabilidad, su inteligencia y su valentía. Se sentía avergonzada. Apenas lo había conocido; ¿qué tipo de influencia le podría haber transmitido?

Entonces el padre de Mark se aproximó a ella.

—Venga conmigo. Me gustaría mostrarle algo –le dijo.

La condujo fuera de la sala de estar, por el pasillo y hasta un pequeño dormitorio adornado con carteles de bandas de rock and roll y leyendas del deporte. Era la habitación de Mark. En el pequeño escritorio había algunos libros, fotografías antiguas y trofeos de la liga infantil. La cama gemela de la esquina todavía estaba cubierta con un edredón de los Nebraska Cornhuskers esmeradamente extendido. Pero había un objeto situado en el centro de la cama que no pertenecía a un niño: un casco de camuflaje verde de soldado de infantería. Un frío instrumento de guerra rodeado por los recuerdos debilitados de la inocencia infantil.

El padre de Mark recogió el casco y le dio la vuelta. De detrás de una de las correas, extrajo un trozo de papel amarillento, manchado de sudor y pegado con cinta adhesiva, que había sido doblado y vuelto a doblar miles de veces.

—Cójalo –le dijo, mientras le entregaba el papel. Encontramos esto dentro de su casco. Lo llevaba encima cuando lo mataron. Desdóblelo.

Con las manos temblorosas, desdobló con cuidado la frágil hoja. A pesar de que habían pasado años, supo al instante de qué se trataba. En la parte superior de la hoja, reconoció un nombre escrito con su propia caligrafía: «Mark». Debajo había una lista de treinta y cinco palabras y frases: «Divertido», «Ojos simpáticos», «Siempre me saluda», «Buen chico», «El mejor *quarterback*». Y así hasta treinta y cinco. Ms. Lynn las leyó una, dos, tres veces. Finalmente levantó la vista, con los ojos llorosos.

Un joven alto y fornido entró en la habitación. Era el mejor amigo de Mark, aquel con el que se estaba peleando.

—Yo también conservo mi lista –le dijo–. La tengo en casa, en el cajón de arriba de mi escritorio.

Entonces entró en la habitación una mujer joven, una de las que se estaban pasando notas.

—La mía está ahora en mi álbum de boda –sollozó.

Instantes después, se le acercó Betty, metió la mano en su bolso y sacó una hoja de papel hecha jirones.

—Ms. Lynn, hubo momentos ese año en que leí este papel todas las noches antes de acostarme. Gracias.

Ms. Lynn se paró junto a la cama de Mark y miró los rostros de las personas que la rodeaban: los padres de Mark, Betty y los otros alumnos de su clase de matemáticas de octavo. Con un gesto reflexivo en un viernes relajado antes de las vacaciones de primavera, había cambiado profundamente la vida de treinta y seis personas.

Ms. Lynn se sentó en la cama y de repente se dio cuenta de que era algo más que una profesora de matemáticas de octavo. Por primera vez desde que recibió esa terrible llamada telefónica de la madre de Mark, apoyó su cabeza entre sus manos y se puso a llorar.

Abrazar: El capitán

Como cualquier padre, adoro a mis hijos. Tengo que contenerme o voy a presumir de ellos sin parar. Eso es especialmente cierto cuando se trata de mi hijo Tate, uno de los mejores jugadores de hockey del país en su grupo de edad. Una de las mayores alegrías de mi vida ha sido ver a Tate estar tan pura y perfectamente moviéndose encima del hielo.

Durante la mayor parte de su corta vida, pensé que lo que hacía a Tate superespecial era su habilidad para superar a jugadores del doble de su tamaño y hacer que los disparos imposibles parecieran fáciles. Supe lo equivocado que estaba poco después de que mi hijo cumpliera nueve años, cuando un niño llamado Tristan se unió al equipo de entreno del equipo de hockey itinerante[1] de Tate. Mientras que los otros jugadores vieron inmediatamente en él un objetivo, el reflejo de Tate fue abrazar a Tristan y mostrarles a todos a su alrededor en qué consiste realmente el liderazgo.

Tate me demostró el coraje de aceptar a los demás por lo que son. Suena como un concepto muy simple, pero muy pocos de nosotros somos buenos en esto. Cuando vemos a alguien sufriendo, sobre todo si se trata de un extraño, nuestro instinto es apartar la mirada en lugar de intentar ayudar. Abrazar también significa ver y valorar a alguien por algo más que el servicio que te ofrece. En una época en la que apartamos a las personas de nuestras vidas por su apariencia, por a qué

---

1. En el hockey itinerante (*travel hockey* en inglés), los jugadores tienen un grado de compromiso muy alto tanto en los entrenos como en la competición, que se desarrolla entre septiembre y marzo, y a menudo implica desplazamientos largos por Estados Unidos y Canadá. *(N. del T.)*

Iglesia asisten o dejan de asistir, por lo que publican en las redes sociales o por a quién votan, la capacidad de abrazar de verdad a otra persona y sin preguntar es muy rara.

Te desafío a que mientras lees esta historia, pienses en las personas de tu vida que instintivamente rechazas. Las personas que son difíciles de querer. Las personas a las que descartas porque son diferentes. ¿Qué pasaría si sencillamente pudiéramos quererlas y abrazarlas, aunque no siempre conectemos? Podemos aprender muchísimo de personas influyentes como Tate si tan sólo abrimos nuestros corazones.

TATE NACIÓ CON UN STICK ENTRE LAS MANOS. Es su pasión o, mejor dicho, su obsesión. A los nueve años, se levantaba a las cinco para practicar hockey antes de ir a la escuela. Jill y yo les decimos a nuestros amigos que Tate patina mejor que camina, y sólo bromeamos a medias. Cuando era pequeño, en lugar de que le leyéramos libros con dibujos a la hora de acostarse, Tate insistía en que le recitáramos los récords de la carrera de Wayne Gretzky en la NHL.

«Ahora sé que voy a romper todos los récords», decía cuando terminábamos. Así pues, sí, «obsesión» es la palabra correcta que utilizar cuando se trata del amor que siente Tate por el hockey.

Hace años, justo después de que Tate cumpliera nueve años, lo estaba llevando a la pista de hockey a una hora intempestiva cuando me preguntó:

—Papá, ¿qué se necesita para convertirse en capitán?

—Para ser capitán, Tate, no tienes que ser el mejor jugador. Tienes que ser la mejor persona. El capitán tiene el corazón más grande del equipo, pero, lo que es más importante, es el que tiene más influencia sobre sus compañeros. Ser capitán significa abrazar a tus compañeros de equipo más débiles y ayudarlos a convertirse en los más fuertes le respondí medio despierto.

Tate se quedó en silencio mientras absorbía lo que le acababa de decir.

—Bueno, quiero ser capitán algún día –dijo finalmente en un tono tranquilo y desafiante, de una manera que rara vez oyes a alguien tan joven.

Tate no jugaba en una liga ordinaria de la ciudad o el condado, sino que jugaba en un club de élite en Colorado llamado Krivo School of Hockey. Krivo es la abreviatura de Andrei Krivokrasov, un excampeón ruso de hockey del Ejército Rojo que dirige el programa. Su hermano, Sergei, jugó diez temporadas en la NHL. No me equivoco si afirmo que Andrei sabe un par de cosas sobre hockey, y su programa es tan de la vieja escuela como parece. Disciplina. Práctica. Y más disciplina. Tate, que ha estado jugando en un nivel élite desde que podía caminar, prospera en un entorno así.

La mayoría de los niños de la Krivo School of Hockey eran tan talentosos como Tate, pero un día apareció un niño llamado Tristan. Digamos que no era el jugador más talentoso del equipo y todos lo sabían. Tristan no era lo suficientemente bueno para formar parte del equipo itinerante, por lo que jugaba en el equipo de entrenamiento como portero. Muchos de los niños se burlaban sin piedad de Tristan y dejaron claro que él no era parte del grupo.

Excepto para uno.

Tate sabía que Tristan no era muy bueno, pero no le importaba. Veía que Tristan entrenaba todos los días y se esforzaba mucho. Hacía sus repeticiones contra los mejores talentos de Colorado, y con un ruso duro e intransigente desafiándolo y llevándolo hasta el límite, Tristan terminaba todos los días con las ganas destrozadas y aun así se presentaba al entrenamiento a la mañana siguiente. Los otros jugadores veían en él un niño que probablemente debía unirse al equipo de ajedrez; en cambio, Tate veía en él a una persona a la que admiraba.

Los dos se hicieron amigos. Tate nunca dejó de animarlo, siempre chocando los cinco después de una parada, sentándose a su lado en el vestuario y pasando un rato con él después del entrenamiento. Lo más importante, Tate se tomó un tiempo para aprender su historia. Resultaba que Tristan tenía suerte de estar vivo, y aún más de jugar al hockey.

Cuando Tristan tenía tres años, experimentó una crisis convulsiva tónico-clónica, que es cuando pierdes el conocimiento y tienes contracciones musculares violentas. Los médicos pensaron que se trataba de un hecho puntual, pero dos meses después Tristan sufrió otra y posteriormente una tercera. Le recetaron una batería de medicamentos, pero las convulsiones continuaron, literalmente miles al día. A los cuatro años, le provocaron un coma inducido, sólo para darle tiempo a su frágil cuerpo para recuperarse del trauma interminable. En el hospital, la madre de Tristan, Debra, no podía hablarle, no podía cantarle, no podía tocarlo, no podía tranquilizarlo, por temor a desencadenar otra crisis convulsiva. Pasó meses en tratamiento, meses que debería haber pasado yendo a la escuela, haciendo nuevos amigos, practicando deportes, sencillamente siendo un niño normal. Finalmente, le diagnosticaron el síndrome de Doose, un trastorno raro que representa sólo el 1 % de todas las epilepsias de inicio en la infancia. Cuando Tristan se despertó milagrosamente del coma, las convulsiones desaparecieron para siempre, pero había perdido el uso de sus músculos. Tuvo que volver a aprender a mover las extremidades, a caminar e incluso a comer.

Cuando Tristan pisó por primera vez la pista de hielo de la Krivo School, estaba físicamente años por detrás de sus compañeros. Tenía suerte de estar patinando, y más aún de detener *slap-shots* de chicos que le doblaban en tamaño. Los otros jugadores no lo veían así. Se reían de él, lo derribaban, lo insultaban. Pero cuanto más mezquinos eran, más cariñoso se volvía Tate.

Hacia el final de la temporada, Debra me llamó:

—¿Me puedes decir todos los sábados por la tarde que tu hijo tiene disponibles este mes? me preguntó.

—Claro… ¿por qué? –le respondí, un poco confundido.

—Estamos planificando la fiesta de cumpleaños de Tristan y quiere estar seguro de que Tate pueda asistir.

Me quedé estupefacto: ¿quién planea una fiesta de cumpleaños en función de la agenda de un niño invitado?

La semana después de la fiesta, Debra se me acercó durante un entrenamiento de hockey. Tenía lágrimas en los ojos.

—Sólo quería que supieras que invitamos a algunos niños del equipo de hockey, pero Tate fue el único que vino. No tienes ni idea del impacto que ha tenido tu hijo sobre Tristan. Tate siempre lo está adulando. Qué niño tan especial tienes.

Unas semanas después, recogí a Tate del entrenamiento. Tenía una gran sonrisa en su rostro.

—Papá, ¿sabes qué? –me dijo–. ¡El entrenador Krivo me ha nombrado capitán del equipo!

Lo miré. En todos los años de Andrei como entrenador del equipo itinerante, nunca había nombrado a un capitán. Hasta ahora.

Me puse a llorar. Le dije a Tate que, en sus nueve años, nunca había estado más orgulloso de él.

—¿Recuerdas cuando me preguntaste qué significa ser capitán? –le pregunté–. No se trata de ser el mejor jugador, sino la mejor persona. Has ayudado al jugador más débil de tu equipo a darse cuenta de que era fuerte. En mi libro, Tate, acabas de romper todos los récords de Wayne Gretzky.

Actuar: El líder de la banda

«Nada sucede hasta que algo se mueve», dijo una vez Albert Einstein. Todos nosotros tenemos cosas que haríamos, errores que corregiríamos, si tuviéramos tiempo. Pero luego la vida se interpone en el camino, el tiempo avanza y las cosas que deberíamos hacer se convierten en cosas que deberíamos haber hecho.

Y luego están las personas, como George Taylor, que simplemente actúan. Cuando se enteró de un horrible tiroteo relacionado con bandas callejeras en su ciudad natal, George actuó. Pero esto es lo que lo hace más especial: su solución no fue tratar de erradicar las bandas callejeras, sino estudiarlas, comprenderlas, aprender de ellas y entonces ayudarlas. Lo que hizo a continuación George es una de las historias más inspiradoras que he escuchado, una que revela el poder de la comunidad, el amor y la cerveza.

La historia de George me inspiró a reflexionar sobre mis propias acciones e inacciones, sobre las veces que no actué y las veces que no actué de manera sabia. Pensé en cómo en ocasiones la vida se reduce a las acciones que tomamos –o no tomamos– cuando más importa. Mientras lees esta historia, te pido que hagas lo mismo. Reflexiona sobre lo que significa no sólo actuar, sino actuar con compasión, intención positiva y amor.

GEORGE TAYLOR ESTABA ESCUCHANDO LA RADIO en Wilmington (Carolina del Norte), cuando oyó la noticia: un chico de dieciséis años había muerto en un tiroteo desde un vehículo en marcha sólo a unas manzanas de su oficina en el centro. George se quedó sorprendido al escuchar que el tiroteo estaba relacionado con bandas. Como hombre de negocios adinerado que vivía en una comunidad cerrada, ni siquiera se había dado cuenta de que había bandas callejeras en Wilmington. Es una próspera ciudad turística ubicada entre el río Cape Fear y el océano Atlántico. No es el tipo de lugar que suele aparecer en los programas sobre crímenes.

Cuando la mayoría de las personas escuchan una tragedia como ésta, sacuden la cabeza y se quejan de que alguien debería hacer algo al respecto. Luego cambian de canal y siguen cenando.

George Taylor no.

Al principio, estaba enfadado porque pudiera ocurrir este tipo de violencia en su ciudad natal. George había ayudado a lanzar numerosas nuevas empresas tecnológicas en Wilmington, incluida Untappd, la comunidad de redes sociales online sobre cerveza más grande del mundo. Pero no sólo quería detener la violencia de las pandillas; fundamentalmente, quería entender por qué alguien era capaz de conducir un vehículo, sacar una pistola por la ventanilla, apuntar a otra persona y apretar el gatillo. Así que George llamó al fiscal del distrito y le pidió reunirse con el líder de la banda callejera más importante de la ciudad.

Sí, también me quedé con la boca abierta cuando oí esto.

El fiscal del distrito era comprensiblemente escéptico con respecto al plan de George. Un empresario tecnológico blanco de casi cincuenta años que no sabía nada sobre bandas quería conocer a un gánster negro que con casi total seguridad había estado involucrado en numerosos asesinatos. Pero George es persistente, y unas semanas más tarde el fiscal acordó ponerlo en contacto con Bill, un miembro importante de los Bloods, la tristemente célebre banda callejera formada en Los Ángeles a principios de la década de 1970. Bill se encontraba en libertad condicional y podría estar dispuesto a sentarse con George, pero había un problema: Bill tenía la sospecha de que se trataba de una complicada operación encubierta y se negó a reunirse con él sin la presencia de un abogado.

Éste es el mensaje que George le devolvió: «Dígale a Bill que si no tiene las agallas para encontrarse conmigo a solas, de hombre a hombre, entonces puede irse a la mierda y ya encontraré a otro que quiera reunirse conmigo».

Una semana más tarde, Bill se presentó… solo.

Le explicó a George lo que realmente significaba estar en una banda callejera y la conversación cambió la vida de George. La televisión y las películas a menudo dan la impresión de que las bandas callejeras atraen a personas de baja estofa a las que les encanta traficar con drogas y cometer actos de violencia. De hecho, eso es lo que pensé durante la mayor parte de mi vida. Sin embargo, ocurre todo lo contrario. Al igual que las compañías, las bandas callejeras organizadas han escrito valores clave y visiones de proyecto que detallan aquello que representan, aquello en lo que creen y aquello que están tratando de construir. En estas declaraciones de objetivos, no había nada sobre drogas, armas o tiroteos desde vehículos en movimiento. En vez de ello, George reconoció valores como la comunidad, el crecimiento, el conocimiento, la hermandad y la lealtad. Cuando aparece la violencia, le explicó Bill, se debe principalmente a los desafíos económicos y la exclusión social. A menudo, se considera que los hombres jóvenes no pueden ser contratados por su aspecto o su forma de hablar, o por condenas anteriores a causa de delitos menores. Quedan marginados. Cuando estos hombres y sus familias son desterrados a viviendas municipales desatendidas y en ruinas, algunos recurren al tipo de actividades que asociamos con las bandas porque no les quedan muchas más opciones.

Después de hablar con Bill, George se pasó casi tres años viajando por el país para aprender más cosas sobre las bandas. Habló con miembros de los Bloods y los Crips en Los Ángeles, de los Vice Lords en Atlanta y de los GD en Chicago. Habló y se ganó la confianza de miembros de las bandas pertenecientes a todos los niveles de la jerarquía y aprendió cómo estas organizaciones ayudan a levantar comunidades urbanas que han quedado abandonadas hace mucho tiempo. George pronto entendió que la respuesta para frenar la violencia de las bandas callejeras no era deshacerse de ellas, sino ofrecer oportunidades económicas inclusivas. Entonces tuvo una idea: ¿Qué pasaría si pudiera crear una empresa —no una organización benéfica, sino una corporación con ánimo de lucro— que empleara a miembros en activo de las bandas? Como presidente de Untappd, para George la respuesta era obvia: una cervecería.

En octubre de 2019, George compró una fábrica textil abandonada de unos 5400 m² en Wilmington y se pasó más de un año renovándola. Luego vino el paso más importante: contratar a los trabajadores. La mayoría de las empresas buscan a sus candidatos en sitios web de trabajo como Indeed o Monster. En cambio, George gestiona las cosas un poco diferente. En primer lugar, para trabajar para él debes ser miembro en activo de una banda. En segundo lugar, todos los candidatos deben asistir a un curso de capacitación de dos meses llamado Disrupt-U, donde aprenden de todo, desde marketing hasta estilo y elaboración de cerveza. Y lo que es más importante, se les aconseja que se liberen de las creencias limitantes con las que crecieron muchos de ellos, como creer que no pueden ser felices o tener éxito porque nacieron en el código postal equivocado, iban a una escuela equivocada o tienen el color de piel equivocado.

Los que llegan tarde a Disrupt-U, aunque sólo sea una vez, los expulsan y no pueden volver a presentar una nueva solicitud hasta transcurridos noventa días. Los que terminan el curso de capacitación, se inician en el negocio de la cerveza saltando de un avión, lo que no es poca cosa, considerando que muchos de estos hombres nunca han estado en un avión, y mucho menos saltado de uno con un paracaídas. Cuando comienzan el curso de capacitación, se les proporciona un salario de 30 000 dólares y un seguro médico. A todo aquel que supere el curso de preparación se le aumenta el salario hasta 35 000 dólares, que pasa a ser como mínimo de 37 500 dólares transcurridos noventa días. Después de estos tres meses, comienza a recibir acciones. No está mal para tipos cuya implicación en bandas callejeras implicaba que sólo podían conseguir trabajos de salario mínimo haciendo hamburguesas, si tenían suerte.

Pero aún queda la parte realmente sorprendente: durante el curso de capacitación, George junta a los miembros de las bandas que más se odian entre sí, como es el caso de los Bloods y los Crips. No se trata de disputas menores, como abollar un coche o robar unos cuantos dólares; algunos de los tipos de esa sala dispararon o apuñalaron al hombre que estaba a su lado. Tomemos como ejemplo a Steve y Dune, dos hombres de dos extremos de la ciudad. Steve era un Blood y Dune pertenecía a los GD. Unos años antes, estas bandas rivales se enzarzaron en una pelea. El mejor amigo de Dune sacó un cuchillo y apuñaló a Steve. Éste sobrevivió, pero cuando las dos bandas se volvieron a encontrar y empezaron a pelear de nuevo, Steve mató a tiros al amigo de Dune. Steve aceptó una delación premiada y pasó dos años en prisión, y luego otros diez saltando de un trabajo sin futuro a otro para intentar mantener a su familia. ¿Qué empresa reputada contrataría a un delincuente, y mucho menos a un asesino convicto? Entonces conoció a George Taylor.

Cuando Steve apareció en el curso de capacitación, se sentó al lado de Dune. Al principio, estaban preparados para estrangularse el uno al otro, pero los instructores permanecían atentos y lograron persuadirlos durante el curso de capacitación. Poco a poco, las tensiones fueron disminuyendo, ya que comenzaron a ver cuánto tenían en común. Tenían los mismos sueños y las mismas luchas. En poco tiempo se hicieron amigos y compartieron el pavo de Acción de Gracias. Más adelante, la historia de Steve y Dune ayudó a inspirar el nombre de la cervecería, TRU Colors: Beer Without Rival.

Ciertamente, ha habido contratiempos en el camino. Cuando Press, un líder en activo de la banda de los Bloods, fue arrestado por un cargo de posesión de armas, George tuvo que despedirlo. La cervecería tiene una estricta política de no armas. Al día siguiente, George recibió un mensaje de texto de Press en el que le pedía poder hablar. Cuando se encontraron, George vio que estaba muy mal. Press había estado durmiendo en su vehículo y no tenía adónde ir. George evaluó la situación y decidió que Press había tocado fondo y estaba preparado para un cambio.

—No puedo volver a contratarte por el cargo de posesión de armas que tienes pendiente –le explicó George–, pero te dejaré vivir con nosotros en mi casa.

Press se mudó esa noche con George y su esposa, y cuando George se despertó a la mañana siguiente y entró en la sala de estar, se quedó boquiabierto: Press se había cortado las rastas que le llegaban hasta los hombros y se había rapado la cabeza.

—Estoy preparado para cambiar –le dijo–. Y quiero que sepas que lo digo en serio.

Esa misma semana, George hizo una llamada y encontró un trabajo para Press en la construcción.

En Carolina del Norte, agosto no es agradable. Press se pasaba diez horas con un martillo neumático a temperaturas de hasta 40 °C, pero nunca se quejó. Cuando ocho meses después llegó el día de presentarse en el tribunal, George escribió una carta al fiscal de distrito describiendo la transformación que había vivido Press. Cuando el fiscal de distrito le ofreció a Press un pacto que le excluía de tener que entrar en la cárcel, George le devolvió su antiguo trabajo en TRU Colors y se pasó los siguientes tres años aprendiendo el proceso de elaboración de cerveza. Hoy, Press es cervecero en TRU Colors. Es dueño de una casa. Tiene una familia. Y sabe cómo elaborar una Killer IPA.

George me contó todo esto cuando me invitó a dar una charla en la cervecería a principios de 2021. TRU Colors estaba terminando de perfilar su operación antes de comenzar la producción y distribución a gran escala ese mismo verano. Aunque he dado miles de charlas magistrales, nunca he estado más nervioso que el día que tuve que hablar en TRU Colors.

Antes de mi charla conocí a un joven con largas rastas y la palabra *Thug*[1] tatuada en su garganta. Ése era el nombre de su calle, dijo como si nada. Thug era un miembro importante de los GD en Carolina del Norte. Unos meses antes, estaba en un automóvil con su mejor amigo, Nas, cuando otro vehículo se detuvo a su lado. Bajaron cuatro hombres armados y comenzaron a disparar. Las ventanas estallaron entre una lluvia de balas. Thug se agachó. Todo lo que podía oír eran gritos y el sonido de cartuchos cayendo a la acera. Levantó la vista justo cuando dos balas alcanzaban a Nas en la cabeza. Mientras aún le estaban disparando, Thug se arrastró hasta el asiento del conductor, tomó el control del automóvil y aceleró hacia el hospital con la cabeza de Nas en su regazo. Trágicamente, Nas murió de camino. Ahora, tres meses después, yo estaba a punto de hablarle a Thug sobre el amor y el liderazgo de servicio.

«¿Qué demonios estoy haciendo aquí?», pensé. ¿Qué diablos podría explicar un chico blanco de los suburbios de Denver a unos hombres que han visto cómo matan a tiros a sus amigos y familiares? Cuando me levanté para dirigirme a la treintena de empleados, me miraron

---

1. Se podría traducir como «matón», «mafioso». (*N. del T.*)

educadamente. Miré mis notas sobre el liderazgo impulsado por el corazón y las historias habituales que contaba sobre crecer con dislexia. Mis luchas académicas parecían insignificantes en comparación con lo que estos hombres habían tenido que soportar sólo para estar aquí hoy. Así que dejé mis notas a un lado y decidí contar una historia que nunca había contado a nadie.

—Una vez estuve a punto de matar a alguien –les dije.

Mi boca se secó mientras decía las palabras. Hasta entonces, ni yo mismo me las había creído realmente.

Respiré profundamente y expliqué a mi audiencia de Bloods, Crips y GD el camino que seguía repartiendo periódicos cuando tenía catorce años en Suffern (Nueva York). Conocía a todas las familias excepto a una. Era una casa al final de la calle Marian Drive, que no tenía salida. Todos los domingos el hombre que vivía allí dejaba un sobre debajo de la alfombra. En su interior había 2,25 dólares para el periódico y una propina de 25 centavos para mí. Nunca conocí al hombre, pero todos los domingos dejaba el mismo sobre con la misma propina.

Unos días después de que el *The Journal News* subiera su precio a 2,50 dólares, llamé a la puerta del hombre. Un señor mayor la abrió y le di las gracias por su generosidad. Le expliqué que, si quería seguir dándome propinas, tenía que añadir 25 centavos más al sobre. Entonces me preguntó si iba cerca a la escuela.

—Sí, a la Suffern Junior High School –le respondí.

—¿Practicas algún deporte?

—Estoy en el equipo de lucha libre.

—Eso es genial. Me encanta la lucha libre. Me gustaría enseñarte algunos movimientos. ¿Quieres ir al patio trasero y entrenar?

Dudé. El hombre parecía bastante agradable. Siempre me daba propina. Él era un adulto y yo un repartidor de periódicos de catorce años que había visto muy poco mundo. Acepté, fuimos al patio y comenzamos a luchar. Y luego abusó de mí. Fue la primera persona que me tocó de esa manera. Me lo quité de encima antes de que pudiera continuar y corrí a casa para contárselo a mis padres. Era una época diferente en aquel entonces y estos asuntos se gestionaban de manera diferente a como se hace ahora. Mis padres se acercaron a los líderes de nuestra iglesia, que nos dijeron que ellos se encargarían del problema. Pero nunca lo hicieron. Más tarde localicé a los tres repartidores de periódicos que habían hecho esa ruta antes que yo, y todos admitieron que el hombre también había tratado de tocarlos. Me sentí avergonzado de haber sido tan ingenuo. Pensé que era mi culpa por ser demasiado confiado.

No tenía la edad suficiente para procesar lo que me había pasado y nunca volví a hablar de ello. En cierto modo, nunca lo procesé realmente hasta ese día en la cervecería TRU Colors. En la escuela de secundaria y en la universidad, me consumía la vergüenza y la ira. Durante mi segundo año de universidad, el dolor se volvió insoportable. Cuando estaba en casa durante las vacaciones de primavera, agarré un bate de béisbol y conduje hasta la casa situada al final de la ruta que seguía como repartidor de periódicos. Me dirigí a la puerta principal, agarrando el bate con tanta fuerza que mis nudillos estaban blancos. Entonces llamé al timbre, dispuesto a darle una paliza al hombre que me había robado la adolescencia.

Sin embargo, abrió la puerta una anciana. Me dijo que el propietario anterior se había mudado unos años antes. Mientras cerraba la puerta, sentí la adrenalina arder como ácido en mis entrañas, disipándose lentamente hasta que me sentí vacío. Dejé caer el bate y me puse a llorar.

—Si ese hombre no se hubiera mudado, yo no estaría aquí hoy –dije a un auditorio sumido en un silencio sepulcral–. Le habría hecho daño. Podría haberlo matado.

De repente me sentí aligerado, como si me hubieran quitado un peso de encima. Repasé los rostros de mis confesores: los Bloods, los Crips y los GD que había elegido para contarles esta historia por primera vez en mi vida. Hombres que habían golpeado y matado a otras personas. Hombres que habían hecho cosas horribles. Y sin embargo, mientras los miraba a los ojos, sentí fraternidad. Ellos me entendían, yo los entendía. Muchos habían soportado el infierno porque perdieron la lotería del nacimiento y crecieron en las frías calles en lugar de en un cálido hogar. En muchos sentidos tengo una vida afortunada. Disfruto de una carrera gratificante y una familia maravillosa. Pero no tendría nada de eso si el destino hubiera funcionado un poco diferente y hubiera abierto la puerta mi abusador en lugar de una anciana.

El destino había actuado de manera diferente en el caso de los miembros de las bandas callejeras que me estaban escuchando. Yo sólo tuve una posibilidad de arruinar mi vida; ellos, en cambio, tuvieron posibilidades a lo largo de toda su vida. Sin embargo, de alguna manera habían encontrado el camino hacia esta cervecería. En ese momento entendí qué hacía que TRU Colors fuera tan especial. La dirigían personas como Steve, Press, Dune y Thug, hombres a quienes la vida nunca les había dado una primera oportunidad, y mucho menos una segunda. Pero decidieron actuar, y al hacerlo cambiaron sus circunstancias por pura fuerza de voluntad. Actuaron tal como lo hizo George cuando se enteró de ese tiroteo desde un vehículo en marcha en su ciudad natal: con determinación, amor y una notable tolerancia hacia personas muy diferentes a ellos. Y maldita sea si no brillaba únicamente su verdadera naturaleza, sino que eran capaces de cambiar vidas, incluida la mía.

Unos meses después de mi visita a TRU Colors, oí la impactante noticia de que Thug había sido asesinado. Estaba viviendo con el hijo de George, que lo ayudaba a llevar la cervecería, mientras buscaba un piso de protección que aceptara a alguien con antecedentes penales. Mientras todos dormían, un hombre armado entró en la casa y mató a Thug y a una joven llamada Briyanna. Tres miembros de una banda rival fueron arrestados más tarde en relación con el doble homicidio.

El asesinato de Thug conmocionó a TRU Colors, pero George y su equipo han redoblado su misión. «No sé si alguna vez se acabará –dijo George en una declaración pública después de la muerte de Thug–. La violencia proviene de la exclusión y la falta de oportunidades, y hasta que no nos unamos todos y prioricemos el perdón y la comprensión por encima de la culpa y la división, no se acabará. Para que llegue la paz, se necesita que toda la ciudad se una y se comprometa con el cambio».

Después de le que enviara a George una breve nota expresando mis condolencias, éste me respondió: «Thug era un tipo increíble y complicado que tenía muchas responsabilidades y muchos enemigos del pasado. Su pasado es lo que lo preparó para todo el bien que hizo. Sigue liderando, incluso después de que se haya ido».

Entregarse: ¿Qué hay en tu maleta?

He tenido la suerte de conocer a miles de personas virtuosas en mi vida, personas que se dedican al servicio a los demás. Continuarás conociendo a muchas más a lo largo de este libro. Pero he conocido a una única persona que se merece la santidad. Se trata de mi tía Loralee, más conocida en el mundo como la hermana Loreen Spaulding.

He pasado toda mi vida adulta aprendiendo cómo poner a otras personas por delante, y he seguido una trayectoria ayudando a otros a hacer lo mismo. Pero mi tía Loralee sigue siendo la única persona que he conocido que ha vivido pura e incondicionalmente al servicio de los demás. Hoy en día hay personas que literalmente le deben la vida, y en verdad creo que así es, si el resto de nosotros pudiéramos tener, aunque sea una fracción de su corazón, el mundo sería un lugar muchísimo mejor. Ella es la encarnación de la última cualidad de influencia, y en muchos sentidos la más importante: la devoción.

Mahatma Gandhi dijo una vez que «la mejor manera de encontrarte a ti mismo es perderte en el servicio a los demás». Mi tía sabía exactamente quién era y cuál era su propósito desde el día en que nació. Cada día trato de honrar el legado de la hermana Loreen intentando ser un poco más amable y un poco más paciente con las personas de mi vida, especialmente cuando es difícil. Mientras lees su historia, te pido que hagas lo mismo. Y te desafío a que pienses a qué causa te dedicarías si tuvieras tiempo. ¿Con qué personas de tu vida pasarías más tiempo? ¿Con cuáles de ellas intentarías ser mejor? Y lo que es más importante, ¿qué te lo impide?

Cuando tenía ocho años, mi tía Loralee pasó la noche en mi casa en Suffern (Nueva York, antes de volar a la mañana siguiente a Liberia para comenzar una misión de ocho años con la Iglesia católica. Cuando se detuvo el taxi, mi madre me dijo que llevara su maleta. Nunca había visto una tan grande; el maldita bulto pesaba más que yo.

—Tía Loralee, llevas muchísima ropa –dije cuando finalmente conseguí entrar la maleta en casa.

—Ésta es la única ropa que tengo, Tommy –dijo sonriendo y señalando la ropa que llevaba puesta.

Entonces abrió la enorme maleta, provocando una avalancha de lápices y bolígrafos, ropa para niños, dulces y material médico. Todo lo que poseía era esa maleta y, literalmente, la ropa que llevaba puesta. Entonces me di cuenta de que mi tía se había cortado el pelo. Antaño lo tenía largo, suelto y hermoso.

—Lo doné a una organización benéfica que ayuda a los pacientes con cáncer –dijo alegremente–. No lo necesitaré allí donde voy.

Cuando mi padre tenía cinco años, le regalaron un tren eléctrico por Navidad; Loralee hizo construir un altar por su abuelo. Se hacía pasar por sacerdote y daba misa a la familia, y desde entonces estaba decidida a convertirse en monja católica. Sin embargo, muy pocas personas lo sabían. En la escuela, Loralee era el prototipo de niña americana. Era *cheerleader*, tenía muchos novios y terminó con las mejores notas de su clase. Todo el mundo creía que algún día se convertiría en científica o en senadora de Estados Unidos.

Sin embargo, ya hacía mucho tiempo que Loralee había decidido que entraría en el convento. Su sueño no era únicamente vivir una vida al servicio de Dios, sino intentar cambiar el mundo.

En agosto de 1957, besó a su novio por última vez y entró en el convento. Tenía dieciocho años. Se matriculó en el Notre Dame College en Euclid (Ohio), donde obtuvo un *summa cum laude* en filosofía. Una vez licenciada, se matriculó en el Boston College, donde hizo un máster en matemáticas. Unos diez años después, se presentó en mi casa en Suffern, preparada para marchar de misionera al África occidental.

A finales de la década de 1970 Liberia estaba atravesando una época convulsa. Durante generaciones, el país había sido gobernado por el partido Whig Auténtico, que había monopolizado el poder y había rechazado eficientemente toda oposición. El presidente del país, William Tolbert, había prometido reformas cuando fue elegido en 1971, pero su Administración se caracterizó rápidamente por el nepotismo y la corrupción política. Mi tía Loralee, ahora conocida como la hermana Loreen Spaulding, llegó a Liberia justo cuando la población nativa oprimida del país comenzaba a protestar en las principales ciudades. Hacia 1977, más de cien ciudadanos liberianos habían sido secuestrados, asesinados y brutalmente desmembrados en una serie horrorosa de asesinatos conocidos como los asesinatos rituales de Maryland (por el condado de Maryland, en Liberia).

La hermana Loreen, sin embargo, no se inmutó. A ella no le importaba la política liberiana ni la corrupción del gobierno; estaba allí únicamente para ayudar a los niños. Llegó a la ciudad de Zwedru, en la región sudeste de Liberia, donde ayudó a construir una escuela para niñas, muchas de las cuales fueron las primeras de su aldea en aprender a leer y escribir.

A principios de 1980, la hermana Loreen viajó a la capital de Liberia (Monrovia) para recoger suministros. Cuando salía de un mercado, oyó disparos. ¡Bang! ¡Bang! ¡Bang! Corrió calle abajo y vio cómo un pelotón de fusilamiento descargaba sus armas sobre una docena de cuerpos inertes atados a unos árboles cercanos a la playa. Más tarde descubriría que las víctimas eran el presidente Tolbert y su gabinete. Habían sido asesinados por Samuel Doe, un sargento mayor del ejército de Liberia que había dado un golpe de Estado contra el gobierno y había tomado el control del país. La hermana Loreen vio con horror cómo otros miembros del gobierno de Tolbert eran ejecutados sumariamente en la playa.

Cuando regresó a su escuela, trató de no pensar en el caos que envolvía al país. Su trabajo consistía en cuidar a sus niñas y no participar en el conflicto armado. Pero la guerra encontró a los inocentes, como siempre. Un día, varias camionetas derraparon y se detuvieron delante de la escuela de la hermana Loreen, y una docena de adolescentes armados con ametralladoras se apearon de ellas. Mi tía sabía que formaban parte de la milicia de Samuel Doe, un grupo conocido por ejecutar a miembros tribales leales a la Administración depuesta, incluso a niños cuyo único delito había sido nacer en el pueblo equivocado.

Los soldados empujaron a la hermana Loreen a un lado y gritaron unas instrucciones que ella apenas entendió. Se habían llevado a docenas de sus alumnas y las habían alineado contra una pared. Al darse cuenta de lo que estaban a punto de hacer, mi tía empujó a los soldados y se puso delante de sus niñas. Miró los rifles que la estaban apuntando y gritó:

—Si vais a matar a estas niñas, primero tendréis que matarme a mí.

Los soldados adolescentes la miraron con incredulidad y luego discutieron entre ellos en su idioma nativo. Milagrosamente, bajaron sus armas, volvieron a subir a sus camionetas y se fueron. Si estaban impresionados por su valentía o tenían miedo de dispararle a una monja católica, mi tía nunca lo supo.

La paz no duraría. El gobierno de Doe era incluso más corrupto y totalitario que el de su predecesor. Cerró periódicos y manipuló elecciones, y continuó su limpieza brutal de grupos étnicos rivales. Los aliados se volvieron contra él, y una vez más el país se escoró hacia una guerra civil en toda regla. Cuando las facciones rebeldes tomaron el control de las provincias, la escuela de la hermana Loreen fue clausurada y convertida en un campo de refugiados. Las Naciones Unidas encargaron a mi tía que evacuara a los misioneros y los miembros del Cuerpo de Paz que estaban abandonados en Zwedru. Mi tía estaba aterrorizada, pero se mantuvo firme en su misión. Después de organizar el transporte de los demás, ella era el único miembro restante de su misión. Justo cuando los soldados se acercaban, huyó a la selva tropical, encontró una canoa, remó por el río Cavalla y escapó a Costa de Marfil, donde fue rescatada y enviada de regreso a Estados Unidos.

La hermana Loreen había pasado trece años en Liberia y sobrevivió a dos revoluciones, pero no tendría tiempo para descansar. Poco después del regreso de Loreen, su madre, Auleen (mi abuela) sufrió un derrame cerebral masivo que la dejó gravemente incapacitada. Auleen había sido una persona dulce, cariñosa y tierna, pero el derrame cerebral transformó su personalidad en alguien a quien nadie reconocía. Necesitaba atención las 24 horas, por lo que la hermana Loreen habló con la superior de su orden y pidió permiso para ausentarse para cuidar a su madre. Durante los siguientes trece años, eso es lo que hizo.

En muchos sentidos, cuidar de Auleen resultó tan agotador como su trabajo como misionera en Liberia. El derrame cerebral de mi abuela la había dejado extremadamente ansiosa, irritable e irascible. Como puede atestiguar cualquier cuidador, este tipo de trabajo requiere una cantidad imposible de paciencia y fortaleza. Es agotador e ingrato, y durante más de una década, la hermana Loreen sacrificó su bienestar para que mi abuela se sintiera cómoda. Cuando finalmente murió mi abuela, el convento destinó a la hermana Loreen a cuidar a las monjas en cuidados paliativos, una tarea que también realizó con devoción y sin quejarse.

Cuando cumplió setenta y siete años, la salud de mi tía estaba deteriorada, pero convenció a su orden de que la volviera a enviar a Liberia. Finalmente, la sangrienta guerra civil liberiana había terminado, pero había dejado un cuarto de millón de muertos. Un número incalculable de niños se quedaron huérfanos y obligados a valerse por sí solos en las calles. Mi tía todavía tenía asuntos pendientes en el país que tanto amaba, por lo que construyó un orfanato en Monrovia para ayudar a recoser el país. Pero el destino le había echado una mano cruel a la hermana Loreen. Situada en la costa, Monrovia está infestada de mosquitos y una mañana la hermana Loreen se despertó con una fiebre terrible. Tenía malaria y a su edad la enfermedad era devastadora. Sufrió insuficiencia cardíaca y estuvo a punto de morir.

Mi tía logró recuperarse y regresar a Estados Unidos, pero la malaria le había pasado factura. La insuficiencia cardíaca desencadenó un rápido declive mental y sucumbió a la demencia con el paso de los años. Unos años después de volver de Liberia, en la semana que cumplía ochenta años, sus amigos y familiares más cercanos se reunieron en las School Sisters of Notre Dame en Wilton (Connecticut) para celebrar sus sesenta años como monja católica. Mi tía estaba frágil y distante cuando le cogí de la mano durante la misa. Esa noche, en la cena de celebración, la miré desde arriba mientras iniciaba un brindis. Debajo de las arrugas vi a la misma persona amable y enérgica que bajó de un taxi delante de mi casa hace tantos años y me enseñó en qué consistía el verdadero liderazgo.

Te he hablado de «El regalo de los Reyes Magos», un cuento de 1905 de O. Henry[1] sobre una joven pareja de recién casados. Eran pobres y tenían muy pocas posesiones, pero nada de eso importaba porque su amor era enorme. Estaban celebrando su primera Navidad juntos y, en secreto, ambos querían comprar un regalo especial para el otro. El esposo quería comprarle a su mujer un juego de peinetas ornamentales para que pudiera adornar su largo y hermoso cabello. La mujer, por su parte, quería comprarle a su esposo una cadena para un reloj de bolsillo que su difunto padre le había regalado hace mucho tiempo. Debido a su amor sacrificial, el esposo vendió el reloj de su padre para poder comprar las peinetas a su amada, y la esposa se cortó el cabello y lo vendió para poder comprarle la cadena a su querido esposo.

–Cuando abrieron sus regalos, se dieron cuenta de cuánto se querían, y aprendieron cuán inestimable era realmente su amor –dije–. Tía Loralee, nunca olvidaré el regalo que me hiciste cuando apareciste en mi casa en Suffern con el pelo cortado y la maleta llena de material escolar.

Le sonreí a mi tía mientras levantaba mi copa antes de continuar.

—Ese día le enseñaste a un niño egoísta de ocho años el verdadero significado de la devoción y el liderazgo de servicio. Nunca he dejado de aprender de tu ejemplo.

A veces pienso en todas las jóvenes de África que están vivas gracias a mi valiente tía Loralee. Pienso en cómo amó y sirvió a mi abuela durante trece largos años cuando nadie más lo hubiera hecho. Pienso en lo mucho mejor que sería el mundo si hubiera unas cuantas hermanas Loreen Spaulding más por ahí.

---

1. Pseudónimo del escritor estadounidense William Sydney Porter (1862-1910). Considerado uno de los maestros del cuento, comenzó a escribir su obra, muy valorada por los giros de la trama y el final imprevisto, durante su estancia en la cárcel, donde tuvo que ingresar por culpa de un desfalco. *(N. del T.)*

PARTE II
La primera «I» de la influencia: Interés

500 000 dólares en footlongs[1]

En los capítulos anteriores, hemos analizado a cuatro personas asombrosas que encarnan lo que significa ser una verdadera persona influyente: animar, abrazar, actuar y entregarse a los demás. Pero no tienes que ser un profesor, un prodigio del hockey, un director ejecutivo o una monja católica para vivir una vida de influencia. Puedes liderar a otros de maneras grandes y pequeñas en tu vida cotidiana aprendiendo nuevos hábitos que con el tiempo se vuelven una reacción instintiva. Me gusta hablar de ellos como «las tres íes de la influencia». La primera es el interés, y no puedo pensar en una mejor manera de explicarla que contándote el momento en que mi amigo Bill me salvó el trasero. Acababa de publicar mi primer libro y estaba dando una charla en el Ritz-Carlton en Palm Beach (Florida). Al terminar, durante la firma de libros, un caballero de mediana edad se acercó a mí.

—Hola, mi nombre es Bill Reichel y sólo quería decirle lo mucho que me ha gustado su charla. Hubiese podido oír caer un alfiler en la sala.

Normalmente le hubiese dado las gracias, le hubiese estrechado la mano y hubiese pasado a la siguiente persona de la fila, pero algo en Bill despertó mi curiosidad. Vestía elegantemente un traje Armani, una camisa con el cuello abierto, una cadena de plata y pulseras de cuero que le daban un aire fresco. Ahora bien, si me conocieras en persona, sabrías que no soy el tipo más a la moda que existe. Mi idea de modernidad es llevar mi polo por fuera de mis shorts caqui GAP. En cambio,

---

1. Sándwich que mide un pie (30 cm) de longitud. El nombre deriva de los términos ingleses *foot* («pie») y *long* («largo»). *(N. del T.)*

Bill parecía que acababa de llegar de la Semana de la Moda de Nueva York.

—Déjeme hacerle una pregunta –dije sin pensar–. Mi esposa me llama el chico de Eddie Bauer.[2] La única pieza de joyería que tengo es mi anillo de matrimonio. A Jill le encantaría que me vistiera un poco más atrevido. ¿Dónde puedo conseguir algunas joyas *cool* como las suyas?

Bill se rio antes de responder.

—Deme su tarjeta y me pondré en contacto con usted.

Fiel a su palabra, Bill me envió por correo un montón de pulseras. No puedo decir que me hicieran parecer a Johnny Depp, pero ciertamente mejoraron mi aspecto. Ése fue el comienzo de nuestra amistad.

Supe que Bill era un desarrollador de bienes inmobiliarios de mucho éxito que poseía o administraba centenares de propiedades comerciales en el área de Palm Beach. Tiempo después me llevó en avión para hablar con sus empleados en su retiro corporativo anual y me aproximé a su encantadora familia. Su hija, Morgan, asistió a nuestra Global Youth Leadership Academy, el programa de verano que dirijo para estudiantes de secundaria, y su hijo, Grant, asistió a uno de nuestros retiros de Heart-Led Leader. Bill incluso pagó para que varios niños del centro de la ciudad de Florida asistieran a la National Leadership Academy.

Y cuando me encontré ante un precipicio en la peor situación financiera de mi vida, llamé a Bill.

Como he mencionado al principio de este libro, tomé la fatídica decisión de diversificar mis ingresos metiéndome en el negocio de los sándwiches. Tuve el privilegio de conocer al fundador y director ejecutivo de una cadena nacional de sándwiches sub[3] y me enamoré de él y de su equipo de liderazgo; son tan reales, auténticos y genuinos como

---

2. Cadena de tiendas de ropa estadounidense fundada en 1920 con sede en Seattle (Washington). Vende sus productos a través de tiendas minoristas, *outlets* y online. *(N. del T.)*

3. El sándwich submarino (o abreviado sub) es un bocadillo con pan francés, carne, embutidos, queso, verduras y salsas diversas. Probablemente su origen se remonta a la Segunda Guerra Mundial, cuando el dueño de un restaurante local preparaba bocadillos para los marineros de una base naval cercana. *(N. del T.)*

parecen. Estaba tan impresionado con la cultura y la filantropía de su organización que seguí adelante y compré una franquicia de sándwiches en Denver.

Tenía grandes esperanzas puestas en esa tienda de sándwiches. Quería contratar a estudiantes de secundaria locales y enseñarles el valor del liderazgo de servicio. Llamábamos a todos nuestros clientes «señora» y «señor», y decíamos «Ha sido un honor servirle» cuando se iban. Quería que esa franquicia fuera la manifestación de cada lección de liderazgo que había escrito en mis dos primeros libros. Pero ese sueño se convirtió rápidamente en una pesadilla. En nuestra gran inauguración, una clienta simuló una caída fuera de nuestra tienda, llamó a una ambulancia y amenazó con demandarnos. Más adelante descubrimos que era una estafadora que había intentado esta argucia en numerosas ocasiones. Posteriormente, tuvimos un problema de ventilación del alcantarillado que hacía que el local oliera como los lavabos de un área de descanso. Lo peor de todo, nuestra ubicación era terrible. Semana tras semana, ocupábamos el último lugar entre las franquicias del área metropolitana de Denver. En poco tiempo estaba perdiendo unos 10 000 dólares al mes. En dos años había invertido en esa tienda más de medio millón de dólares.

Le rogué a mi casero que me dejara romper mi contrato de arrendamiento de diez años. Se negó. Le rogué a la cadena de sándwiches que comprara el local. Los propietarios rechazaron la propuesta. Estaba siempre en bancarrota y no había nada que pudiera hacer.

Sin otras opciones, llamé a mi amigo Bill.

—Bill, estoy atravesando graves problemas –le expliqué con lágrimas corriendo por mi cara–. No sé qué hacer.

La mayoría de la gente me hubiera respondido: «Vaya, hombre, es terrible. Te estoy enviando pensamientos y plegarias. Avísame si puedo hacer algo». Pero Bill me respondió algo que nunca olvidaré:

—Tommy, cambiaste mi empresa, cambiaste la vida de mi hija, cambiaste la vida de mi hijo, cambiaste mi vida. Y ahora voy a cambiar tu vida. Dame el nombre y el número del director ejecutivo de la franquicia y me encargaré de ello.

Nunca había conocido a alguien que diera la cara por mí de esa manera. Durante los siguientes meses, Bill mantuvo docenas de llamadas telefónicas con la oficina central. Fue a la guerra con mi arrendador. Desde más de tres mil kilómetros de distancia, Bill abrió las fauces que lentamente me estaban devorando. Nunca sabré exactamente cómo lo consiguió, pero Bill me sacó de esa horrible situación. Nunca dijo: «Algún día, que quizá nunca llegue, te pediré que hagas algo por mí», como Don Corleone en *El padrino*.

—Tommy, esto es lo que hacen los amigos. Están aquí el uno para el otro –se limitó a responder Bill.

Cuando pienso en cómo me salvó Bill, sigo volviendo a la memoria ese sencillo acto de curiosidad que desencadenó nuestra relación. Y pienso en las cualidades que vi en Bill, mucho antes de que viniera a salvarme. Cuando entré en la oficina de Bill por primera vez, supe en treinta segundos que era querido por todo el mundo. Se podía ver en el lenguaje corporal de sus empleados. Todos sonreían. Todos estaban relajados. Me hablaron de una ocasión en la que uno de sus inquilinos, un gimnasio de *kickboxing*, ya no podía pagar el alquiler. La respuesta de Bill no fue echarlos, sino reducir el alquiler a la mitad. Los bienes inmuebles comerciales son uno de los negocios más despiadados que existen y, sin embargo, Bill estaba prosperando, siendo un tipo realmente bueno. Al mismo tiempo, Bill estaba interesado en mi familia, mi carrera, incluso mis luchas. Lo compartí todo con él, y hoy sabe más cosas sobre mí que mi terapeuta. Nuestra relación comenzó y floreció sobre una base de curiosidad mutua, y cuando necesité que Bill me sacara del apuro, estuvo a mi lado.

Al final del día, Bill me ayudó a comprender que las verdaderas personas influyentes están obsesivamente interesadas en conocer a las personas que las rodean, ya sean amigos, compañeros de trabajo, vecinos o completos desconocidos. Y a veces, como veremos a continuación, todo lo que se necesita es una sencilla pregunta para establecer un vínculo de por vida: ¿Cuál es tu historia?

Todo el mundo tiene una historia

En mi despacho, en el centro de Denver, tengo colgada mi obra de arte favorita. Es una hermosa acuarela de corazones rosa y azules pintada por un niño de doce años. Es una de mis posesiones más preciadas y tiene una historia muy especial.

Hace poco más de una década estaba hablando en Chicago ante una sala llena de ejecutivos del mundo de la banca. Después de mi discurso de apertura, firmaba ejemplares de mi libro cuando una mujer se acercó a mi mesa. Inmediatamente me llamaron la atención sus penetrantes ojos verdes, que parecían escudriñar mi alma. Llevaba colgada una chapa que ponía Jayne Hladio. Me dio las gracias por hablar en el evento, y en lugar de hacer sus típicas preguntas triviales como «¿Cómo estás?» o «¿A qué te dedicas?», le pregunté:

—Hola, Jayne, ¿cuál es tu historia?

Parecía un poco sorprendida, pero luego sonrió y mantuvimos una conversación real. En cinco minutos sentí que conocía a Jayne de toda mi vida. Tiene el don verdadero de conectar con otra persona. Cuando mencionó que tenía una hija pequeña, Lindsey, me di cuenta de que se sentía muy orgullosa de ella.

—Cuéntame más sobre ella –le dije.

—Cuando nació Lindsey, los médicos se la llevaron de inmediato a cirugía. Tenía múltiples defectos cardíacos congénitos graves –respiró hondo y se secó una lágrima antes de continuar–. Nos dijeron a mi esposo y a mí que Lindsey tenía sólo un 5 % de posibilidades de sobrevivir. Pero ella es muy fuerte. Se sometió a dos cirugías a corazón abierto cuando era bebé. Sobrevivió y hoy es una niña totalmente sana.

Mis ojos se llenaron de lágrimas cuando Jayne me contó esta historia en la mesa de firma de libros. Era consciente de que tenía que conocer a esta chica especial. Así que la siguiente vez que estuve en Milwaukee, me reuní con Lindsey, Jayne y su esposo, Matt, para cenar. Desde entonces, hemos sido buenos amigos. Resultó que Jayne era vicepresidenta senior del U.S. Bank y una de las mejores profesionales de negocios de Milwaukee. Por lo general, no esperarías encontrar líderes compasivos en la banca, pero Jayne es la rara excepción que siempre antepone el bienestar de sus empleados y clientes a las ganancias. Es una de las líderes más increíbles que conozco y, junto con Lindsey, ha ayudado a recaudar cientos de miles de dólares para la American Heart Association.

En 2016, me sentí profundamente honrado cuando Jayne me invitó a encabezar el evento anual de liderazgo de TEMPO, una organización compuesta por mujeres que ocupan puestos ejecutivos y de liderazgo en todo Wisconsin. Me sentí sobrepasado cuando subí al escenario rodeado de más de mil directoras ejecutivas de alto nivel, pero mis nervios desaparecieron cuando vi a Lindsey entre la multitud animándome. Al final de mi discurso de apertura, invité a Lindsey al escenario para felicitarla por todo el dinero que había recaudado para obras de caridad. No era sólo un futuro pez gordo, sino que, como esas mujeres de la audiencia, ya lo era.

Cuando terminó mi charla, Lindsey me regaló esa hermosa pintura de acuarela. Se me llenaron los ojos de lágrimas mientras la abrazaba a ella, a Jayne y a Matt. Su obra de arte cuelga aún hoy en un lugar destacado en mi despacho, y es un recordatorio del poder de formular una pregunta simple: «¿Cuál es tu historia?».

Lo entiendo: pedirle a la gente que se abra es incómodo. A veces obtendrás miradas extrañas. Si eres como yo, probablemente te enseñaron desde una edad muy temprana a no hablar nunca con extraños. Ese consejo está a la altura de «Mira a ambos lados antes de cruzar la calle». Siendo de Nueva York, mis padres dieron un paso más allá. «No mires a los extraños a los ojos», me dijeron. «Mantén la cabeza gacha cuando camines». Si alguna vez has tomado el metro en Nueva York, sabes que hay dos reglas importantes. La primera es *Mantenerse alejado de las puertas que se cierran*; la segunda es *No establecer nunca contacto visual*.

Piénsalo un segundo. Desde pequeños nos enseñan a ignorar a las personas que nos rodean. Tardé años en darme cuenta de lo terrible que es este consejo. Cuando pienso en las personas más importantes de mi vida, me asusta imaginar dónde estaría si no hubiera hablado cuando tuve la oportunidad. Mi esposa, mis mejores amigos, casi todos mis seres queridos comenzaron siendo unos desconocidos con los que se suponía que no debía hablar. Y aún serían extraños si no me hubiera molestado en averiguar sus historias.

He aquí mi regla sencilla: Cada cara tiene un nombre. Cada nombre tiene una historia. Si me presento a una persona desconocida, le pido que me cuente su historia. Esto me ha llevado a algunos de los momentos más inolvidables de mi vida. Por ejemplo, hace algunos años, Jill y yo visitamos los valles de Napa y Sonoma (California) con algunos amigos. Nos alojamos en un pueblo llamado Healdsburg e hicimos la típica ruta de cata de vinos. En nuestra tercera noche reservamos para cenar en un buen restaurante de la ciudad, pero primero decidimos tomar una copa en un lugar llamado Harmon House, que tiene una terraza en la azotea con vistas panorámicas del valle.

Nos presentamos en el bar y le preguntamos al encargado, Gary, por una mesa.

—Lo siento mucho, pero estamos completos –dijo–. Pero si quieren ver la puesta de sol, estaré feliz de mostrarles la azotea para que puedan echar un vistazo.

—Claro, sería genial –coincidimos todos.

Observé a Gary mientras nos hacía la visita, bromeando con los camareros y charlando con los clientes. Hacía un millón de cosas diferentes a la vez y aun así nos hizo sentir que éramos los únicos en el restaurante. Gary tenía el aura de una persona que se encontraba estrictamente en su elemento, y sentí curiosidad por saber más cosas sobre él.

—Así pues, Gary, ¿cuál es tu historia? –le pregunté cuando terminó de mostrarnos la terraza.

Gary pareció animarse. Sonrió y me dijo cuánto le gustaba su trabajo y cómo lo hacía ser una persona más fuerte. Explicó que estaba sobrio y que estar cerca de la tentación del alcohol le recordaba lo desafiante que había sido el viaje y lo lejos que había conseguido llegar. Lo acribillé con más preguntas mientras Jill y nuestros amigos disfrutaban de las impresionantes vistas. Gary nos explicó que se había divorciado recientemente y tenía una hija pequeña. Estaba aterrorizado con la idea de ser el padre soltero que nunca veía a su hija. Cada minuto que no estaba en el trabajo se aseguraba de pasarlo con ella. La conversación sólo duró unos minutos, pero me sentí como si acabara de escuchar la historia de su vida.

Cuando nos preparábamos para irnos, Gary levantó la mano.

—Esperad aquí un segundo.

Regresó un minuto después con cuatro copas de champán.

—Cortesía de la casa –dijo–. También os he conseguido una mesa para que puedan disfrutar de las vistas.

Gary nos condujo a lo que claramente era el mejor lugar del bar, una mesa en la esquina con unas magníficas vistas de Sonoma. Un minuto después, trajo pimientos shishito y otros aperitivos mientras observábamos la puesta de sol. Fue una manera perfecta de comenzar la noche.

—Gary –le dije cuando nos íbamos–, has hecho que esta noche fuera muy especial. Gracias.

Nos abrazamos y le pedí su tarjeta para poder enviarle una nota de agradecimiento. La caminata hasta nuestro restaurante duró unos diez minutos y no hacíamos otra cosa más que hablar efusivamente de Gary. ¡Qué hombre tan maravilloso! ¡Qué increíble historia! No me puedo esperar para enviarle un correo electrónico. Resulta que Gary aún tenía un truco más bajo la manga. Cuando llegamos al restaurante y la recepcionista nos llevó a nuestra mesa, nos estaba esperando una botella fría de champán con una nota: «Gracias por el impacto que me has causado. Gary». Y todo esto simplemente porque le había pedido a un joven que me contara su historia.

Comparto esta anécdota a menudo, e invariablemente alguien me comenta: «Parece que tenías curiosidad acerca de Gary para conseguir algunas cosas gratis. ¿Cómo sabes si alguien está siendo auténtico o manipulador?». Es cierto que es una línea muy fina. Cuando tenía dieciséis años, le debía cinco dólares a la Biblioteca de Suffern por cargos de libros atrasados. En lugar de soltar la mosca, entré y le hablé dulcemente a la bibliotecaria. Le hice preguntas sobre su vida, sus libros favoritos, su trabajo, y luego le pedí que renunciara a mi multa por cargo por retraso. Lo hizo, pero después me sentí disgustado conmigo mismo. No me importaba nada esa bibliotecaria; sólo me importaba ahorrarme unos cuantos dólares. Desde entonces, tengo una regla simple: sé curioso con los demás, pero nunca pidas nada a cambio. Pueden pasar cosas maravillosas cuando estableces un vínculo sincero con alguien, pero tu motivo nunca debe ser egoísta.

Cuando consulto con líderes de organizaciones, enseño la importancia crítica de conocer la historia de todos y cada uno de los empleados. Nadie encarna mejor esta filosofía que Anthony y April Lambatos. Poseen y dirigen una empresa de *catering* en Denver llamada Footers. Adoro a los dos, no sólo porque ambos son sinceramente buenas personas, sino por la cultura inclusiva que han creado en Footers. No sólo querían erigir una empresa exitosa, sino también crear una familia dinámica a la que los empleados llegasen por la mañana animados para dar lo mejor de sí mismos.

La filosofía de Footers es contratar a la persona, no a su currículum. Durante las entrevistas, preguntan sobre historias en lugar de experiencias. Preguntan sobre hobbies y pasiones. Contratan para mejorar la cultura de su empresa, así como sus resultados. A veces esto significa ser un poco creativo. Por ejemplo, después de contratar a una mujer llamada Kari, se dieron cuenta de que no era una buena opción para su trabajo. Si bien la mayoría de las empresas le mostrarían la puerta a Kari, ésa no es la filosofía en Footers.

—Kari, vamos a encontrarte un puesto en el que puedas estar de puta madre –le dijeron ambos.

Necesitó tres intentos, pero Kari finalmente encontró un puesto en el que podía prosperar como directora de relaciones del lugar.

Empresas como Footers constantemente están aprendiendo cosas de sus empleados y alentándolos a ser ellos mismos en el puesto de trabajo, por extravagantes que sean. Por ejemplo, Anthony se enteró de que uno de sus proveedores de *catering*, Lewis, tenía una historia particularmente inusual: le encantaba vestirse con ropa de mujer. Es muy probable que la mayoría de los empleadores le dijeran a Lewis que eso lo hiciera en su tiempo libre, a poder ser a kilómetros de distancia del trabajo. Footers, no. Anthony y April organizaron un concurso de *play-*

back para toda la empresa con nada menos que Lewis como DJ, vestido con un atuendo deslumbrante que habría enorgullecido a RuPaul.[1] Algunos pueden encontrar el estilo de gestión de Anthony y April un poco extraño; sin embargo, Footers se ha convertido en una de las empresas de más rápido crecimiento en Colorado, escalando posiciones año tras año en la lista de «Mejores lugares en los que trabajar».

Con los años, he aprendido tres cosas sobre la curiosidad: 1) todo el mundo tiene una historia, 2) las personas están dispuestas a compartir su historia si se les pregunta de manera sincera y 3) para ejercer una influencia positiva sobre la vida de los demás, necesitamos dedicar cierto tiempo a saber de ellos.

Convertir en un hábito formular preguntas a las personas sobre ellas mismas suena simple, pero nuestros cerebros no están conectados de esa manera. En un estudio realizado en el Laboratorio de Neurociencia Social Cognitiva y Afectiva (SCAN Lab por sus siglas en inglés) de la Universidad de Harvard, los investigadores utilizaron máquinas de resonancia magnética funcional para escanear a los participantes mientras daban sus propias opiniones y hablaban de sus rasgos de personalidad, y luego seguían las observaciones de los demás. Como era de esperar, cuando los participantes hablaron de sí mismos se encendieron las áreas de «recompensa» del cerebro, que suelen asociarse con actividades placenteras. Un estudio de 2017 publicado en el *Journal of Personality and Social Psychology* confirmó que «la mayoría de las personas pasan la mayor parte de sus conversaciones compartiendo sus propios puntos de vista en lugar de centrarse en la otra persona».

Otra serie de estudios de la Universidad de Harvard analizó las conversaciones durante las citas rápidas en persona. Los investigadores pidieron a algunos de los participantes que hicieran tantas preguntas como fuera posible, mientras que a otros se les indicó que hicieran la menor cantidad posible. Efectivamente, el estudio concluyó que «la gente estaba más dispuesta a tener una segunda cita con aquellas parejas que formulaban más preguntas».

---

1. Considerada la *drag queen* más famosa de la historia de Estados Unidos, RuPaul Andre Charles ha ganado numerosos premios Emmy entre 2016 y 2020 por producir y presentar el programa *RuPaul's Drag Race. (N. del T.)*

Para expresarlo con otras palabras, cuando escuchas y haces preguntas de seguimiento, estás telegrafiando a los demás que estás interesado en lo que te están explicando. Ese tipo de curiosidad son los fundamentos de la influencia y también es la forma en que se inician las relaciones para toda la vida. Así fue como conocí a Andy Newland, uno de mis mejores amigos.

Cuando piensas en «mejor amigo», es probable que estés pensando en ese amigo que conociste en Primaria y que nunca se ha separado de tu lado. En realidad, conocí a Andy cuando ya había cumplido los cincuenta. En ese momento, como la mayoría de los tipos de mi edad, no pretendía añadir más compromisos a mi vida. Estaba ocupado con tres hijos y un trabajo que me hacía viajar a un par de cientos de ciudades al año.

—¿No has escrito literalmente el libro de las relaciones? –me dijo Jill un día–. Sin embargo, no quieres conocer a los padres de la nueva escuela de nuestros hijos.

—Estoy demasiado cansado –le respondí–. Demasiado ocupado.

Es probable que alguna vez hayas respondido algo similar. Tienes tu rutina y te apegas a ella.

—Ya tengo a Corey Turer –continué–. Ése es mi mejor amigo desde secundaria. No necesito otro mejor amigo.

Pero mi hija, Caroline, insistió en que conociera a su entrenador de baloncesto en All Souls Catholic:

—Tienes que conocer al entrenador Andy –dijo–. Él es el mejor. Te encantará.

—Tal vez, cariño –objeté.

—Papá, tienes que conocerlo.

Caroline tenía esa mirada en su rostro, la que dice «voy a salirme con la mía sin importar cuánto tiempo necesite».

—Bien, comeremos juntos –mascullé.

Llamé a Andy para presentarme y una semana después nos sentábamos a comer en mi restaurante tailandés favorito. En el momento en que le estreché la mano, entendí lo que Caroline había visto en él. Tenía una sonrisa encantadora y desprendía una energía reconfortante, como si su alma hubiera estado vagando por la tierra durante miles de años. Le faltaba la parte superior de la oreja derecha, una vieja lesión de lucha libre, supuse. A nivel superficial, Andy tenía una historia sencilla que cualquiera podría buscar en Google: un hombre amable y humilde, un católico comprometido, el presidente de su empresa familiar de fabricación y distribución de aparatos de climatización, y padre de seis hijos, que se ofreció como voluntario para entrenar a un equipo de baloncesto de niñas. Ahora bien, hay una parte de su historia que no habría visto si no hubiera preguntado: Andy debería estar muerto.

Después de años de luchar por tener hijos, él y su esposa, Lori, fueron bendecidos con una hija y un hijo a pesar de que los médicos les dijeron que sería imposible. Con su vida por fin encaminada, Andy no quería pensar en el lunar que le escocía en la oreja. Finalmente, Lori lo convenció de que fuera a ver a un dermatólogo. El diagnóstico fue rápido: melanoma avanzado. El médico pudo extirpar el lunar, pero le advirtió de que había muchas probabilidades de que algún día el cáncer reapareciera.

Durante siete años, Andy vivió lo mejor que pudo. Él y Lori tuvieron tres hijos más. Su empresa de climatización floreció. Los Newland acababan de comprar la casa de sus sueños cuando Andy recibió la llamada que tanto temía. Era su oncólogo: había una mancha en su escáner de pulmón. En cuestión de meses, el cáncer fue saltando de un órgano a otro antes de establecerse en los ganglios linfáticos de la cadera. Andy perdió más de veinte kilos durante la inmunoterapia y al final apenas podía levantarse de la cama. Finalmente, sus médicos suspendieron el tratamiento y lo enviaron a casa para que pusiera en orden sus asuntos y pasara sus últimos días con su familia. Lori, sin embargo, tenía otros planes. Encontró una clínica en México que se había especializado en el cáncer de Andy y lo ayudó a reunir fuerzas para cruzar la frontera. No estoy muy seguro de qué le inyectaron esos médicos, pero después de estar un mes conveleciente en Cancún y hacer algunos cambios importantes en su estilo de vida, Andy estaba curado del cáncer.

Desde entonces, Andy ha aprendido a disfrutar cada sándwich. Aprecia cada segundo junto a su familia. Cada día es un día hermoso porque todavía está vivo e irradia esta positividad a todos los que conoce. Enseñó a Caroline y a sus compañeros de equipo a apreciar los minutos que pasaban juntos en la cancha, del mismo modo que me enseña a vivir todos los días como si fuera un tiempo prestado. Cenamos juntos constantemente, salimos en bicicleta, vamos a misa juntos. Invertí mi corazón en esa relación porque sabía que Andy cambiaría mi vida, que su comportamiento amable y positivo sería una influencia vital cuando yo ya no apreciara la vida.

Cada vez que hablo con Andy, me ayuda a poner mis problemas en contexto y dar las gracias a Dios por bendecirme con una familia hermosa y sana. Andy es, de mucho, el mejor ser humano que he tenido la suerte de conocer. No puedo imaginar cómo sería mi vida si Caroline no me hubiera empujado a comer con el entrenador Andy, si no me hubiera molestado en mirarlo a los ojos y preguntarle: «Así pues, ¿cuál es tu historia?».

¿Quiénes son las personas en tu vida con rostros y nombres, pero sin historias? ¿Qué historias maravillosas podrían compartir si alguien se preocupara lo suficiente como para preguntar? ¿Qué nuevo mejor amigo está por ahí al que estás demasiado ocupado como para conocer?

Transforma las transacciones en interacciones

Llevo viviendo en Colorado más de veinte años, pero soy neoyorquino de corazón. Y una de las cosas que más me gustan de Nueva York son los *bagels*. Tal vez sea el agua de la ciudad, tal vez sea la forma en que se hierven, tal vez sea sólo esa actitud de Nueva York, pero en cualquier otro lugar los *bagels* saben a cartón. Cada vez que visito la ciudad de Nueva York, lo primero que hago es comerme un *bagel* de sésamo con salmón ahumado y queso crema en mi tienda favorita, Ess-a-Bagel, en la Tercera Avenida con la calle 51. Es una institución familiar de la vieja escuela de Nueva York. Todo el mundo tiene prisa allí, por lo que el lugar está pensado para moverte como en una línea de montaje de automóviles. Pides, pagas, te dan tu *bagel*, siguiente cliente.

Uno de los empleados es una mujer que lleva años trabajando allí. Parece sacada de una agencia de *castings*, el estereotipo de la neoyorquina dura y sensata. Si no sabes lo que vas a pedir cuando te toca, si dudas o cambias de opinión, pondrá los ojos en blanco y gritará «¡Siguiente!», y bruscamente te empujará al final de la fila. Me recuerda al sopero nazi de *Seinfeld*, que gritaba «¡Para usted no hay sopa!» cuando un cliente era incapaz de hacer su pedido correctamente o tenía el descaro de pedir *crackers*. Un día estaba con mi querido amigo Walt Rakowich, el típico tipo de Colorado, amistoso y despreocupado. Lo llevé a Ess-a-Bagel, y mientras hacíamos cola, iba cambiando de opinión sobre qué pediría. «Vaya, hombre, la nazi de los bagels se va a comer vivo a mi amigo», pensé. Esta vez decidí hacer algo diferente: intentaría establecer un vínculo con ella y ver qué pasaba. ¿Por qué tenía que ser una experiencia negativa cuando podía ser positiva?

Cuando Walt y yo llegamos a la nazi de los *bagels*, me armé de valor y dije:

—Buenos días, ¿cómo está?

Me miró como si le hubiera levantado el dedo corazón.

—¿Qué desea? –preguntó.

—Vengo aquí cada vez que visito la ciudad. Sólo quería presentarme. Soy Tommy y creo que hace los mejores *bagels* del mundo. Éste es mi amigo Walt. ¿Cómo se llama?

Me preparé para lo peor, pero algo en su expresión pareció resquebrajarse.

—Barbara –respondió con escepticismo, como si tratara de calcular mi motivo.

Pero percibí una ligerísima cordialidad. En ese instante pareció transformarse ante mis ojos. Ya no era esa fría neoyorquina; era otro ser humano con su propia vida y serie de problemas, al igual que Walt y yo. Ya no era la nazi de los *bagels*. Era Barbara.

Mientras pedíamos nuestros *bagels*, comenzamos a hacerle preguntas. ¿Cuánto tiempo llevas trabajando aquí? ¿Cuál es tu *bagel* favorito? Le pregunté por su familia. Con cada pregunta su rostro se iluminaba. Estábamos interesados en su vida. Habíamos pasado de una relación transaccional a algo más profundo.

—Oigan, ¿quieren un poco de agua? –preguntó en un momento dado–. Normalmente tenemos unos vasos de plástico de cortesía, pero nos hemos quedado sin. ¿Qué dicen?

Entonces se acercó a la nevera y nos acercó dos botellas de agua. Y luego hizo algo que nunca olvidaré: abrió su bolso y añadió tres dólares a la caja registradora.

—Invito yo –dijo con una gran sonrisa.

Me conmovió.

—Barbara –le dije–, muchas gracias. Me has alegrado el día. ¿Te importa si te doy un abrazo?

—Me encantaría –respondió ella, con la voz quebrada como si hubiera estado esperando un abrazo toda su vida.

Dio la vuelta a la caja registradora y me envolvió en un abrazo de oso.

—Dios te bendiga –dijo.

—Barbara –le dije–, voy a volver con mi familia la próxima vez que visitemos la ciudad y siempre voy a preguntar por ti.

Al alejarnos, Barbara volvió a su típica arrogancia de Nueva York. «¿Qué desea? ¡El siguiente!». Pero su voz mostraba algo más de calidez, un poco más de paciencia. Cuando se despertó esa mañana no se podía imaginar que acabaría abrazando a un cliente, pero Walt y yo habíamos cambiado la dirección de su día simplemente tratándola como a un ser humano. No sé hasta dónde llegará esa ola de influencia, pero sé que me sentí bien conmigo mismo durante los días posteriores, y me gusta pensar que Barbara también se sintió mejor.

Nuestras vidas están llenas de Barbaras, personas con las que hacemos transacciones con regularidad, pero con las que no interactuamos. De todos modos, no sólo tenemos este problema en la cola para comprar unos *bagels* y un café. En efecto, una encuesta reciente de Harris ha demostrado que, si bien muchos encargados se esfuerzan por brindar comentarios negativos a sus subordinados directos –no es ninguna sorpresa, como puede atestiguar cualquier jefe–, un asombroso 69 % admite que «comunicarse en general» es la parte más difícil de tratar con sus empleados. Sí, has leído bien: comunicarse en general. En otras palabras, actuar como un ser humano normal. ¿Por qué es tan difícil desarrollar relaciones significativas con las personas con las que hacemos transacciones?

Tuve muchas dificultades con esto durante años hasta que aprendí una técnica sencilla: alegrarle el día a alguien. Todo lo que necesitas es encontrar a alguien con quien normalmente haces transacciones –ya sea un cajero, un camarero o Bob de contabilidad– y hacer que su día resulte inolvidable con un gesto sencillo. Sé curioso y hazle preguntas sobre su vida, y entonces busca una manera de hacerlo sonreír. Es así de simple.

He aquí un ejemplo. Como viajo unos doscientos días al año, mi ropa suele estar en mal estado. Meto los pantalones en el equipaje de mano, me pongo las chaquetas en el hombro mientras corro para tomar un vuelo, a menudo se me cae el café encima… Además, mi peso sube y baja como un yo-yo, así que necesito un sastre de calidad. Durante años he confiado en una mujer llamada Hilda Mayr, que trabaja en una tiendecita en Denver. Hilda creció en Alemania antes de emigrar a Estados Unidos en la década de 1960. No ha olvidado nada de esa eficiencia alemana, ni tolera tonterías a la ligera. Ni los comadreos. Ni en realidad cualquier conversación que no tenga que ver con su trabajo. Cuando entro en su sastrería para que me haga el dobladillo de los pantalones, Hilda dice «Hola. De acuerdo. Póngase los pantalones».

Siempre que intentaba conocerla más a fondo, Hilda se resistía a mis propuestas. En su defensa, hay que decir que no tiene mucho tiempo para hablar. En su «tiempo libre» hace todos los arreglos, cambios y gafetes de los uniformes de los Denver Broncos. El equipo le confió que cosiera las coderas y rodilleras de la Super Bowl para el campeonato de 2016. Incluso se pasa despierta toda la noche del *draft*[1] para coser gafetes con los nombres de los jugadores entrantes que se reunirán con la prensa a la mañana siguiente. Éste podría ser un trabajo de jornada completa para cualquier otra persona, pero Hilda y su esposo también tienen un servicio de tintorería para torpes como yo que dejan un río de café derramado a su paso.

—Hilda –le pregunté un día–, ¿cuál es tu comida favorita?

—Hamburguesa con queso americano –murmuró después de mirarme severamente.

Cuando entré en la tienda de Hilda una semana después para recoger mi traje, le llevé una hamburguesa grande y jugosa con queso americano. Ella me miró durante un instante, atónita, y luego una gran sonrisa apareció en su rostro. Desde entonces ha sido nuestro pequeño ritual. Cuando voy a ver a Hilda, le llevo una hamburguesa con queso.

Fueron mis interacciones simples con Hilda las que me ayudaron a superar la pandemia de COVID-19. Me encanta ver a las personas, abrazarlas o simplemente estar cerca de ellas, y no lo pude hacer durante la mayor parte de 2020. Una semana antes de Navidad, entré en su tienda para que me hicieran el dobladillo de los pantalones. Nos saludamos con nuestras mascarillas, pero en lugar de una hamburguesa con queso, le entregué una botella de vino y una tarjeta escrita a mano.

—¡Feliz Navidad, Hilda! –le dije.

---

1. Sistema utilizado en las ligas de los diferentes deportes para asignar los jugadores que son elegibles a los equipos participantes. Para fomentar la igualdad competitiva, los equipos peor clasificados escogen en primer lugar. *(N. del T.)*

Cuando le entregué a Hilda su regalo, toda esa fortaleza alemana se evaporó. Sus ojos se llenaron de lágrimas

—Llevo más de cuarenta años trabajando aquí. He tenido miles y miles de clientes, Tommy, y ninguno de ellos me ha traído nunca un regalo de Navidad. Te estoy muy agradecida –dijo con dulzura.

No cuento a Hilda entre mis amigos más cercanos, pero ese momento nos hizo llorar a los dos. Después de meses de no poder estar cerca de las personas, las palabras de Hilda me aseguraron que todo iría bien. Un momento de calidez después de tanto frío. Estamos todos juntos en esto.

Avanza y haz una lista de todas las personas con las que interactúas en tu rutina diaria. Esto puede parecer desalentador hasta que te das cuenta de lo pequeñas que son nuestras burbujas, de las pocas personas con las que realmente tenemos conversaciones significativas. Proponte, tal vez una vez por semana, identificar a una persona que ves, pero no conoces y hazla sonreír.

Déjame que te cuente otra anécdota divertida que puedes probar: haz el día de un completo desconocido. Hace unos siete años yo estaba en Los Ozarks en la Asociación de Directores de Educación Secundaria de Missouri. Me invitó mi amiga Jennifer Strauser, directora adjunta de una escuela de secundaria en Eureka. Es una de las mejores educadoras que he conocido. Jennifer ha rechazado repetidamente el puesto más importante en su escuela porque significaría tener que pasar más tiempo detrás de un escritorio y menos tiempo trabajando con los niños.

Esa conferencia era la peor pesadilla de mi adolescencia: estar atrapado en una habitación con setecientos directores de escuela. No estaban allí para castigarme, afortunadamente; yo estaba dando el discurso de apertura. Así es, ¡por una vez, era yo quien estaba dando el sermón! Después de la conferencia, Jennifer sugirió que comiéramos algo de camino al aeropuerto, así que nos detuvimos en un pequeño restaurante escondido. Realmente, no has visto el mundo rural hasta que no has visitado Los Ozarks. Ríos extensos, colinas ondulantes, pastos exuberantes…, puedes conducir kilómetros sin ver a otra persona. Este pequeño restaurante estaba casi vacío y un poco deteriorado, y la camarera casi pareció sorprendida de vernos entrar por la puerta. Nos entregó unos menús plastificados y luego nos sirvió un café que sabía como si llevara días preparado. No hace falta decir que tenía pocas expectativas cuando pedí mi tortilla.

Cuando la corté y me la llevé a la boca, se me cayó el tenedor de la mano. Era la mejor tortilla que he probado en mi vida. Los huevos, el queso, la salchicha, los champiñones, las cebolletas, los aguacates cortados en dados... todo combinaba perfectamente. «El cielo no está en el cielo; está en la cocina de este restaurante en Los Ozarks», pensé. Me invadió la necesidad de hacer algo. No podía limitarme a comer esa tortilla perfecta, dejar algunos billetes arrugados y marchar.

—¡Creo que tengo que conocer al jefe de cocina! –le dije a Jennifer.

—¿Por una tortilla? Eres único, Tommy –se rio.

Inmediatamente llamé a la camarera:

—Disculpe, necesito hablar con el jefe de cocina. Ésta es la mejor tortilla que he probado en mi vida.

La camarera parecía un poco confundida, pero accedió a transmitir mi mensaje. Unos minutos más tarde, salió el jefe de cocina. Era un chico desgarbado de poco más de veinte años que llevaba una gorra de béisbol al revés. Le pregunté su nombre.

—Mike –dijo.

Me presenté y lo invité a sentarse, lo miré directamente a los ojos y le dije que había cocinado una comida deliciosa. Le dije que había estado en restaurantes de cinco estrellas de Nueva York y Los Ángeles, que había comido platos preparados por chefs famosos que habían salido de las mejores escuelas de cocina, y que ninguno de esos platos era comparable a la tortilla que este chico de Missouri había preparado en cinco minutos. Le dije a Mike que, si volvía a Los Ozarks al cabo diez años y no había abierto su propio restaurante, le daría una patada en el culo. Nos dimos la mano y Mike se fue de nuestra mesa con una sonrisa de oreja a oreja.

Cinco años después, Jennifer asistía a la ceremonia de graduación de nuestra National Leadership Academy (NLA) anual en Denver. Su distrito escolar envía a treinta estudiantes cada año a la NLA y ella se toma unos días de sus bien merecidas vacaciones de verano cada año para vitorearlos mientras se gradúan. Esta ceremonia fue especialmente importante, ya que era el vigésimo aniversario de la fundación de la NLA, y todos pudimos reflexionar sobre lo lejos que habíamos llegado. Mientras me preparaba para subir al escenario para pronunciar mis palabras finales, pude oír a Jennifer charlando con una amiga suya, que era la primera vez que asistía.

—Cuéntame algo sobre este tipo, Tommy Spaulding –le dijo la amiga.

Esperaba que Jennifer le hablara de mi colaboración con Up with People[2] o de mis libros o de mi trabajo con diferentes líderes empresariales. Bla, bla, bla. El tipo de listado que escribes en tu perfil de LinkedIn. Sin embargo, Jennifer le explicó otra cosa:

—Déjame que te hable sobre aquella vez que Tommy y yo entramos en un restaurante en Los Ozarks…

A Jennifer no le importaban mis credenciales ni mis premios. Le importaba un momento de influencia que dejara una impresión perdurable no sólo en Mike, el cocinero de las tortillas, sino también a la propia Jennifer.

Desconozco si Mike será dueño de su propio restaurante algún día –tal vez sus esperanzas y sueños estén en otra parte–, pero me gusta pensar que siempre apreciará esa vez que un cliente cualquiera entró en su restaurante y le dijo que había hecho una tortilla espectacular. Y me gusta pensar que Mike será una de las 80 000 personas que me estarán animando en mi estadio algún día.

Imagina estar caminando por la calle sabiendo que en cualquier momento podrías influir drásticamente sobre la vida de un completo desconocido. Todo el mundo tiene este poder, tan sólo hay que elegir utilizarlo.

He aquí una excelente manera de comenzar poco a poco: haz un cumplido a un desconocido.

Charlotte Haigh iba caminando un día por una calle de Londres cuando una mujer le llamó la atención. Llevaba un precioso vestido rojo y Charlotte sintió la necesidad de decirle lo bien que le quedaba. Pero la timidez se apoderó de ella. Más tarde, Charlotte se sintió avergonzada por no habérselo dicho. «Después de todo, ya hay suficientes mezquin-

---

2. Entidad internacional educativa sin ánimo de lucro, también conocida como Viva la Gente en el mundo hispano, fundada con el propósito de crear conciencia sobre la situación del planeta. *(N. del T.)*

dades y críticas en el mundo», explicó en la revista *Prima*. Al día siguiente, cuando una mujer que vestía una elegante camisa blanca y unos jeans acampanados la siguió fuera de una tienda, decidió intentarlo.

—Te ves increíble –le dijo sin rodeos.

La mujer se detuvo en seco y sonrió, y luego sus ojos se llenaron de lágrimas.

—No sabes el empujón que me has dado –dijo–. Estoy pasando por un divorcio y estoy teniendo un día horrible. De verdad que me has animado.

A partir de aquel día, Charlotte convirtió en una práctica cotidiana hacer cumplidos a desconocidos. Ya sean los deslumbrantes ojos azules de alguien, sus pecas o sus elecciones de moda, su única norma es ser sincera. De vez en cuando se encuentra con miradas avergonzadas, pero la mayoría de las veces sus elogios conducen a intercambios cálidos y una gratitud genuina.

Aproximadamente una semana después, Charlotte se dio cuenta de que su experimento la estaba haciendo sentir mucho mejor consigo misma. «Espero que mis elogios provoquen un efecto dominó. Justo ayer, una mujer se me acercó en un centro comercial para decirme lo elegante que me veía. Me pregunto si lo hizo porque un desconocido dijo una vez algo encantador sobre ella; me gusta pensar en ello como un karma de cumplido», escribió.

Hacer que el día de alguien resulte inolvidable, ya sea a través de un gesto sincero o un cumplido perfecto, no es sólo algo agradable, sino que estás afectando profunda y positivamente a la química cerebral de esa persona. Un estudio demostró que los cumplidos y los elogios ayudan a las personas a aprender nuevos comportamientos y habilidades motoras. Además, recibir palabras amables activa el estriado ventral, más conocido como el centro de recompensa del cerebro. De hecho, un equipo de investigadores que utilizó máquinas de resonancia magnética descubrió que recibir un cumplido es tan gratificante para el cerebro como encontrar una gran cantidad de dinero. Supongo que realmente hay algo en esa vieja expresión «¡Luces como un millón de dólares!».

Haz de la amabilidad algo normal

Uno de los conferenciantes más talentosos que conozco es un joven llamado Houston Kraft. Houston es autor, diseñador curricular y defensor de la amabilidad que habla en escuelas, convenciones y eventos juveniles a nivel internacional. Tiene poco más de treinta años, pero Houston ha hablado a medio millón de jóvenes en seiscientos eventos, incluido el discurso de apertura de 2017 de nuestra National Leadership Academy. Su organización, CharacterStrong, crea planes de estudios que fomentan una cultura compasiva en dos mil quinientas escuelas a las que acuden más de un millón de niños. Ésta es la versión larga de su biografía. Y ésta es la versión corta: Houston Kraft es el tipo más amable que he conocido.

Hay una historia que Houston cuenta a menudo que hace referencia a una segunda forma más incómoda con la que podemos interesarnos más por los demás. Una cosa es sentir curiosidad por los hobbies o los intereses de otra persona. Y otra cosa es sentir curiosidad acerca de por qué una persona siente dolor y cómo puedes aliviarlo. Excepto que eso es precisamente lo que hace Houston. Hace unos años, tomó un avión de regreso a casa después de terminar una gira relámpago de conferencias. Estaba agotado, y justo cuando estaba a punto de desplomarse en su butaca y hacer una siesta, la mujer de su lado le tocó el hombro.

—Hola. Mi nombre es Helga.

Al ser el tipo más agradable del mundo, Houston se incorporó y se presentó. Comenzaron a hablar sobre una organización que comenzó en la escuela de secundaria llamada RAKE (Random Acts of Kindness, Etc.).[1] De repente, Helga se puso seria.

—No hay nada más importante en el mundo que la amabilidad –dijo, y se quedó en silencio.

La mayoría de la gente habría asentido y aprovechado la pausa para terminar la conversación y dormir un poco. Pero Houston sentía curiosidad. Claramente se trataba de un punto débil para Helga.

—¿Por qué dices esto? –le preguntó amablemente.

Helga respiró hondo y le habló de la última vez que había estado en un avión. Hacía tres años y volaba a Washington D.C. porque la salud de su padre había empeorado. Durante el vuelo estuvo pensando en todas las cosas que quería decirle a su padre. Todos los recuerdos por los que quería darle las gracias. Las palabras que utilizaría para darle su último adiós. Pero cuando el avión aterrizó, su hermana la llamó: su padre acababa de fallecer. Helga se sentó en el avión en silencio, vagamente consciente de que sus compañeros de viaje estaban hablando y recogiendo sus pertenencias. Cuando Helga desembarcó en el aeropuerto Internacional de Dulles, se hizo un ovillo contra la pared más cercana y comenzó a llorar desconsoladamente. Lloró, gimió y sollozó cuando se dio cuenta de que nunca volvería a ver a la persona más importante de su vida. Y ni siquiera había llegado a tiempo de decirle adiós.

Ésta es la parte que hizo llorar al propio Houston, y es el motivo por el cual explica esta historia en todas sus charlas:

—Houston –le dijo Helga–, ni una sola persona se detuvo y me preguntó si me encontraba bien. Nadie me preguntó cómo me podía ayudar. Ni una sola persona puso su mano sobre mi hombro y me dijo: «¿Hay algo que pueda hacer por ti?». Nadie. Ese día me di cuenta de lo mucho que nos necesitamos. Ese día me di cuenta de que la amabilidad no es común.

«La amabilidad no es común». ¿Es eso en lo que nos hemos convertido? Los centenares de personas que pasaron junto a Helga mientras lloraba sin parar probablemente no se considerarían desagradables. Tienen familias y trabajos, y hacen cosas buenas todos los días por las

---

1. Se podría traducir como «actos aleatorios de bondad, etc.». *(N. del T.)*

personas a las que aman. ¿Pero una desconocida llorando sola en el aeropuerto? Apartamos la mirada y seguimos caminando. Desde esa experiencia, Houston ha estado buscando a Helgas: «Las pequeñas oportunidades que me rodean todos los días para practicar hacer de la amabilidad mi configuración predeterminada», explica.

Cuando escuché la historia de Houston, me acordé de una chica que conocí en la escuela de secundaria llamada Kathleen. Nuestras familias iban juntas a la iglesia católica del Sagrado Corazón en Suffern (Nueva York). Era una de las familias más amables que habrás conocido, y Kathleen no era la excepción. Siempre tenía una sonrisa en su rostro. Y tenía los ojos del azul más cálido que te puedas imaginar. Por desgracia, Kathleen sufría de psoriasis y su piel parecía que hubiese sido gravemente quemada por el sol. Algunos de nuestros compañeros de clase se burlaban de ella. La llamaban «costrosa» y «tomate pelado». Nunca me uní a ellos, pero tampoco levanté un dedo para hacerlos callar. Ese deber recaía en el hermano de Kathleen, Rich, quien se aseguraba de que cualquiera que se burlara de su hermana pequeña se fuera a casa con un ojo morado.

Un día, estaba sentado junto a Kathleen oyendo misa cuando llegó el momento de que nos diéramos las manos y rezáramos juntos. Kathleen no movió el brazo; esperaba que yo evitara tocarla, como hacían todos los demás. Pero de repente sentí curiosidad por ver a qué se debía tanto rechazo. ¿Era Kathleen realmente tan diferente a mí? ¿Y qué si tenía picazón en la piel? Tomé la mano de Kathleen y la sostuve con fuerza, y ella me sonrió. Fue el comienzo de nuestra amistad.

La historia de Houston también me hizo pensar en Chad Harris, un chico que conocí en mi primer año de universidad. Vivíamos en la misma residencia en la Universidad de Carolina del Este: él en el 142 de Garrett Hall y yo en el 120. Al igual que Kathleen, Chad era alguien a quien la gente tendía a evitar. Un año antes, Chad se zambulló de cabeza en aguas poco profundas y se la golpeó con unas rocas. Se rompió el cuello y quedó paralizado del cuello para abajo. De repente, Chad se convirtió en una de esas personas a las que te aseguras de sonreír y abrirle la puerta, pero nunca llegas a conocer realmente.

Un día me encontré con el padrastro de Chad, Ray, en Garrett Hall. Él y su esposa se hospedaban en un hotel cercano cuidando a Chad mientras su hijo vivía en el campus. Inesperadamente, Ray me preguntó si quería un trabajo de medio jornada cuidando a Chad. No podía pagar más que el salario mínimo, sólo unos pocos dólares por hora en aquel entonces. Podría ganar más dinero un fin de semana sirviendo copas en un bar que un mes cuidando a Chad, pero el dinero era dinero, y yo era un chico universitario que estaba pelado.

—Me encantaría –le respondí.

Pero sucedió algo sorprendente. Me enamoré del corazón de Chad y de su diabólico sentido del humor. Era el mayor fan de Grateful Dead en todo el mundo y se hizo famoso en el campus por sus camisas teñidas. Chad podía calmar cualquier situación incómoda con el chiste perfecto: su favorito era «¡No me hagas levantar de esta silla y darte una patada en el culo!». Pero, sobre todo, me inspiró su constante positividad.

En poco tiempo, me preocupaba por Chad no porque me pagaran, sino porque lo quería como a un hermano. Todos los días le daba de comer. Lo ayudaba a ducharse, a ir al baño, a vestirse y a prepararse para ir a clase. Me di cuenta de lo inaccesibles que son los espacios públicos. Me enfadaba cuando veía escalones para entrar en un edificio, pero no rampas. Discriminación hablada con ladrillos y cemento en lugar de con palabras. Chad me dijo una vez que le enfadaba ver a estudiantes sin discapacidad apretar el botón de accesibilidad para abrir la puerta de la biblioteca porque eran demasiado perezosos para abrirla ellos mismos. La gente no tiene idea de lo afortunados que son por poder caminar, y hasta el día de hoy me estremezco cuando las personas utilizan ese botón sin tener necesidad. Gracias a Chad, vi el mundo a través de una lente completamente nueva.

Durante los dos últimos años de carrera, fuimos juntos a Florida a pasar las vacaciones de primavera. Vimos a Grateful Dead en concierto. Después de graduarnos, compramos pases Eurail[2] y viajamos de mochileros por toda Europa. Subimos a lo alto de la Torre Eiffel y recorrimos el Coliseo de Roma. Ya no veía la silla de ruedas ni un chico paralizado del cuello para abajo. Por el contrario, veía a un tipo con un

---

2. Pase temporal para viajes en tren por Europa. Es el equivalente al Interrail, pero para personas no residentes en Europa. (N. del T.)

sentido del humor ingenioso y un gran corazón. Un tipo que me ayudaba cuando tenía problemas con la dislexia y suspendía la mayoría de las asignaturas universitarias. Cuando me enfadaba con Dios por dificultarme tanto la lectura, pensaba en cómo esas aguas poco profundas le habían robado a Chad la movilidad de toda una vida. Eso no le impidió amar la vida, y yo sabía que no podía dejar que un montón de palabras revueltas en una página me impidieran amar la mía.

Sé que Chad no me necesitaba para vivir la vida al máximo, y al final él fue una influencia mucho mayor para mí que yo para él, pero una de las mayores alegrías de mi vida fue trabajar como su cuidador durante esos cuatro años y aprender a hacer que la amabilidad sea un poco más normal.

Antes de terminar este capítulo, quiero que te imagines por un momento lo que sucede cuando toda una organización está llena de personas que tienen la misión de hacer que la amabilidad sea algo normal. He tenido la suerte de ver muchas de ellas en mi vida, pero uno de mis ejemplos favoritos es de un restaurante italiano en Toronto llamado Trattoria Nervosa. El establecimiento para cien comensales ocupa una antigua casa victoriana rodeada de modernos rascacielos, como un atisbo del viejo país dentro la gran ciudad. Es un lugar enfocado a la familia con un ambiente italiano de la vieja escuela. Hace unos seis años estaba en la ciudad con mi hijo Tate, que entonces tenía ocho años, porque disputaba un torneo de hockey. Una noche nos topamos con la Trattoria Nervosa, con la esperanza de encontrar algo sencillo y familiar, ya que Tate no se sentía bien.

Era domingo por la noche y el lugar estaba lleno. Después de esperar cuarenta y cinco minutos, conseguimos una pequeña mesa en el piso de arriba y nuestra camarera notó de inmediato que Tate no se encontraba bien. Ella también era madre, explicó, y una madre siempre puede saber cuándo un niño está enfermo.

—¿Le ha dado algo de Motrin[3] –me preguntó.

—No –respondí, un poco avergonzado. Ni siquiera estaba seguro de qué era el Motrin.

---

3. Motrin® es un antiinflamatorio utilizado para tratar la fiebre, la hinchazón y el dolor. El principio activo es el ibuprofeno. *(N. del T.)*

—No hay problema. Iré corriendo a la farmacia al otro lado de la calle y le conseguiré un poco –me dijo la camarera, con una cálida sonrisa en los labios.

Me quedé sin palabras: el restaurante estaba lleno hasta los topes y, sin embargo, nuestra camarera tuvo la amabilidad de correr a la farmacia. ¿Quién hace eso? Regresó a los pocos minutos y se disculpó porque la farmacia estaba cerrada. Empecé a darle las gracias por intentarlo, pero me interrumpió:

—No se preocupe, mi encargado se ocupará de esto.

Un minuto después, un tipo fornido con una camisa abotonada se acercó a nuestra mesa

—Hemos encontrado una farmacia abierta a unos diez minutos de aquí, y uno de nuestros ayudantes de camarero está ahora mismo en un taxi para ir a recoger su Motrin. Mi nombre es Christian Alfarone, y por favor avíseme si puedo hacer algo más por usted –dijo con un marcado acento italiano.

«¿Han enviado a un ayudante de camarero en un taxi? ¿Quién hace eso?», pensé.

Miré mi plato y me mordí el labio. No éramos un grupo de ricachones que se bebían botellas de vino de 500 dólares. Habíamos pedido un plato de espagueti con albóndigas de 18 dólares para los dos. Nuestra cuenta ni siquiera cubriría la tarifa del taxi.

Christian pareció sentir mi inquietud.

No hay ningún problema en absoluto –dijo–. Estamos contentos de que nos haya visitado esta noche.

Media hora después, un ayudante de camarero llegó a nuestra mesa y entregó el Motrin, y la fiebre de Tate había desaparecido cuando nos terminamos el postre. Cuando salimos del restaurante, traté de pagar la medicina y el taxi, pero Christian me hizo señas.

—Es un placer, señor –dijo–. Por favor, vuelva la próxima vez que esté en Toronto.

Me guardé la tarjeta y me propuse enviarle una nota de agradecimiento.

Cuando llegué a casa, le envié a Christian una docena de copias de mi segundo libro, *The Heart-Led Leader*, para que las compartiera con su personal. Le dije que era un verdadero líder servicial y que debería estar orgulloso del increíble trabajo que había hecho con la Trattoria Nervosa. Rápidamente nos hicimos amigos y he enviado cientos de nuevos clientes a su restaurante.

En la actualidad Christian es un habitual de mis discursos de apertura, todo ello gracias a esa botella de Motrin. Todos los que trabajan en su restaurante, explico a mi audiencia, son embajadores de influencia positiva. Todos y cada uno de los empleados, desde los cocineros hasta los camareros y los propietarios, entienden cuánta buena voluntad generas al convertir la amabilidad en algo normal. Ese frasco de diez dólares de Motrin no fue sólo una buena acción; fue también una inversión en un cliente de por vida, y para Christian, inversiones como éstas dan sus frutos. Los ingresos de su pequeño y pintoresco establecimiento son más del triple que los de un restaurante canadiense promedio de capacidad similar. ¡El triple! Y no tiene nada que ver con la comida. Christian me explicó una vez que él no está en el negocio de los restaurantes: «Mi trabajo no es hacer espaguetis y albóndigas. Estoy en el negocio de la influencia. Voy a influir en cada miembro de mi equipo, y ellos influirán en cada persona que entre en mi restaurante».

Cuando haces que la amabilidad sea normal de forma regular, los resultados a largo plazo pueden ser cualquier cosa menos rutinarios. Ésta es una de mis historias favoritas de siempre: desde muy temprana edad, mi hijastro, Anthony, está obsesionado con servir a los demás. Cuando tenía dieciocho años, decidió que quería ganarse la vida, comenzando por inscribirse en la Academia de la Fuerza Aérea de Estados Unidos en Colorado Springs. A Anthony le encanta la organización, le encantaba liderar su equipo de hockey y ama a su país, así que Jill y yo acordamos hacer todo lo posible para ayudarlo a cumplir su sueño.

Ingresar en la Academia de la Fuerza Aérea no es como enviar una solicitud a una universidad típica. Además de unas notas excelentes, necesitas un carácter excelente. Necesitas ser el mejor en todo lo que haces. Y también necesitas que un miembro del Congreso te recomiende. Bueno, Anthony es sin duda el mejor en casi todo lo que hace, y no conozco a un joven más honorable, pero sus notas no eran excelentes.

Se graduó en la escuela de secundaria con un GPA[4] de 3,65 y el cadete promedio que ingresa en la Academia tiene un 3,87. Pero preparó su solicitud y un frío día de noviembre Anthony hizo cola frente a la oficina del senador estadounidense Michael Bennet en el centro de Denver. Sería uno de los centenares de jóvenes entrevistados frente a un comité para ocupar uno de los diez puestos en la Academia de la Fuerza Aérea del senador.

La entrevista salió bien, pero sabíamos que las probabilidades de que consiguiera una nominación eran escasas, a causa de sus notas, muy buenas, pero no excelentes. Sin embargo, quería decirle lo orgulloso que estaba de él, así que Anthony y yo hicimos planes para comer al día siguiente antes de tomar su vuelo de regreso a Canadá, donde estaba jugando al hockey como juvenil. Pero en el último minuto, Anthony canceló la comida. No le pregunté por qué cuando lo dejé en el aeropuerto esa misma tarde, aunque me sentía un poco dolido. Me hubiera encantado pasar ese tiempo de calidad con él.

Cuando se lo expliqué a Jill más tarde ese día, ella me miró.

—¿Quieres decir que no te he dicho el motivo?

Me explicó que mientras Anthony estaba haciendo cola para la entrevista en la oficina del senador Bennet, había entablado una conversación con un vagabundo. La mayoría de la gente no se fija en los indigentes, como si fingir que no existen fuera de alguna manera cortés. Anthony no. Se sentó con él. El hombre había perdido su trabajo y sólo estaba tratando de cambiar su vida, le explicó a Anthony. En lugar de asentir y decirle «Buena suerte», Anthony le preguntó al hombre qué necesitaba. Al día siguiente canceló la comida conmigo para poder conducir hasta el supermercado y comprar, con su propio dinero, espuma de afeitar, desodorante, calcetines, carne seca y otros artículos esenciales. Luego condujo hasta el centro, encontró al hombre y le dio la bolsa de la compra llena de productos. Anthony no pensó en decírmelo porque no era algo por lo que quisiera que le reconocieran el mérito.

---

4. El GPA (siglas de Grade Point Average) es un promedio de todas las notas obtenidas a lo largo de un grado. Su escala va de 0 a 4 puntos, siendo 4 el máximo. (N. del T.)

No quería una palmadita en la espalda. Anthony sabe que ser amable no es algo de lo que hay que presumir, es simplemente algo que haces.

Un mes después estábamos de vacaciones en Maui con Caroline y Tate. Me encontré con un viejo amigo, Adam Agron. Adam es el socio director de una de las firmas de abogados más grandes y exitosas del oeste de Estados Unidos. Hablamos antes de la cena y mencioné que Anthony había solicitado el ingreso en la Academia de la Fuerza Aérea. Cuando le conté lo que Anthony había hecho por el vagabundo, se le llenaron los ojos de lágrimas.

—Tommy —dijo—. Voy a hacer una llamada telefónica para Anthony.

Resulta que esa llamada telefónica fue a la oficina del senador Michael Bennet. Conocía al senador y a su jefe de gabinete, y quería que el comité de nominaciones supiera qué tipo de hombre estaban evaluando para ingresar en la Academia. Al final, Anthony no fue nominado para entrar en la Academia de la Fuerza Aérea. Más tarde nos enteramos de que fue uno de los años con más competencia de la historia, y sus notas no eran del todo buenas. Pero aquí no termina esta historia. En enero, Anthony recibió una carta por correo. Era de la oficina del senador Bennet. El senador había nominado a Anthony para su admisión en la Academia Militar de Estados Unidos en West Point, una escuela que prepara a los mejores generales, presidentes y directores ejecutivos de Fortune 500 del mañana.

Cuando Anthony fue a West Point en junio de 2021, prestó juramento en el famoso campo de desfiles donde muchos de los mejores líderes del país lo habían hecho antes que él. Recitó el mismo juramento que recitaron Grant, MacArthur, Eisenhower y Patton, y luego desapareció entre un mar de cadetes con uniformes de gala blancos. Cuando Anthony comenzó la siguiente etapa de su joven y prometedora vida, pensé en cómo ese acto único de influencia lo había llevado en un viaje increíble e inesperado a atravesar tres mil kilómetros de país hasta una de las instituciones más elogiadas de Estados Unidos.

No puedo garantizar que estas cosas maravillosas pasen cuando eres bueno con los demás, pero puedo prometerte que te sentirás mejor contigo mismo. Y tu amabilidad incluso puede contagiarse. Un estudio de 2010 publicado en *Proceedings of the National Academy of Sciences* demostró que la generosidad es altamente contagiosa. Los investigadores estudiaron a los voluntarios mientras jugaban a un juego de mesa que recompensaba los actos de codicia. Cuanto más desagradable eras, mejor lo hacías. Sin embargo, cuando un único jugador decidía ser generoso en lugar de egoísta, la dinámica del juego se venía abajo. En lugar de actuar por codicia, los otros jugadores respondían con actos similares de generosidad. Ese único acto creaba una ola de bondad que seguía creciendo a pesar de que los jugadores actuaban en contra de sus propios intereses.

¿Cuáles son las formas en que puedes hacer que la bondad sea normal en tu vida? Ésta es una buena manera de comenzar: piensa en las personas ante las que instintivamente miras hacia otro lado. Aquellas personas cuyas circunstancias te hacen sentir incómodo. Interésate sinceramente por sus historias, luego da un paso más e interésate por cómo puedes ayudarlas. Puede que eso no cambie sus vidas, pero ciertamente cambiará la tuya.

PARTE III

La segunda «I» de la influencia: Inversión

¿Cuál es mi legado?

Mis amigos suelen quejarse cuando menciono a mi mentor Jerry Middel en una conversación. Ellos asienten cortésmente, pero sé lo que están pensando: «Oh, genial, otra historia de Jerry».

Si has leído mis dos primeros libros o has hablado conmigo durante más de cinco minutos, sabrás que no puedo dejar de hablar maravillas de Jerry. Junto a mi esposa, hijos y padres, es la persona más importante de mi vida. Casi todas las semanas durante las últimas dos décadas hemos desayunado juntos o hemos hablado por teléfono. «¿Cómo está tu familia? ¿Cómo te va el negocio? ¿Cómo está Tommy? ¿Qué puedo hacer por ti?», me pregunta. Jerry dirigió la plegaria en mi boda. Cuando Jill y yo no teníamos crédito para comprar nuestra primera casa, él firmó como garante nuestra hipoteca. Me encaminó de nuevo con mi fe. Ha donado decenas de miles de dólares a la National Leadership Academy. Ha sido una figura tan paterna para mí que lo llamo Pops.

Pero aquí ahora te explico una historia de Jerry que no he contado antes. Cuando cumplió setenta y cinco años hace unos años, quise hacer algo especial para él. Durante años, nuestras conversaciones habían girado en torno a mis luchas, mis éxitos, mi vida: yo, yo, yo. Por una noche, quería que fuera sólo sobre Jerry. Llamé a su esposa, Joyce, y le pedí que me lo prestara en su cumpleaños especial, y ella estuvo de acuerdo. Nos montamos en mi coche y condujimos dos horas hasta Vail (Colorado), donde había reservado una suite. Tuvimos una elegante cena con bistecs y nos llevamos una botella de bourbon a la habitación. Y luego hablamos. Hablamos mientras la noche se transformaba en mañana, con sólo la botella vacía de Blanton's para indicar el paso del tiempo. Hablamos de nuestras vidas, de nuestros matrimonios, de nuestros hijos, de nuestros miedos. Jerry habló sobre el tiempo que pasó en la guerra de Vietnam, de la que casi nunca habla. Y luego hablamos de algo que nunca olvidaré.

—Tommy, ¿cuál es mi legado? –preguntó con una melancolía que no le había oído antes.

—¿Qué quieres decir? –respondí.

«¿Cómo un hombre que había hecho tanto bien en su vida no podía conocer su propio legado?», pensé.

—He ganado mucho dinero. Tengo un negocio de mucho éxito. He asesorado a muchos niños. He donado a organizaciones benéficas y he participado en muchos de sus consejos. ¿Pero ése es mi legado? ¿Dar dinero a otras personas que cambian vidas?

Jerry dejó su vaso de bourbon y me miró a los ojos. Estaba llorando.

—Tommy, tú has ayudado a decenas de miles de niños a aprender habilidades de liderazgo. Has comenzado una organización sin ánimo de lucro y has escrito dos libros superventas y has tocado corazones en todo el mundo. La gente leerá tus palabras y escuchará tus discursos mucho después de que te hayas ido. ¿Y yo? No he escrito ningún libro ni he pronunciado ningún discurso a miles de personas. Simplemente intento ser un buen esposo, un buen padre y hombre de negocios, y seguir implicado en mi comunidad. Pero no he tenido un gran impacto. No he cambiado nada.

Lo miré mientras estaba callado. Luego sonreí y le dije:

—Jerry, ¿estás preparado para que te dé una tunda?

Era el mismo mensaje que Jerry utilizaba cuando no había sido un buen padre, un buen esposo o jefe. Por primera vez, se lo devolví.

Pasé la siguiente media hora poniendo a Jerry en su lugar.

—No lo estás mirando bien –le dije–. Claro que algunas personas inician organizaciones sin ánimo de lucro y donan edificios para que el mundo los vea. Tal vez tengan un gran legado, tal vez no. Pero te has volcado en nuestra relación. Literalmente has cambiado mi vida. Has tenido más influencia sobre mí que cualquier otra persona en el planeta. Eso es legado. Dejar un legado significa que has mejorado la vida de otra persona. Nunca habría comenzado mi organización benéfica ni ayudado a todos esos niños si no me hubieras apoyado en cada paso que he ido dando. Invertiste en mí, y todo el bien que he hecho es tanto tu legado como el mío.

Cuando terminé de hablar, Jerry me sonrió. Mis palabras le impresionaron. Me di cuenta de que ese dolor se había ido acumulando en su interior en los últimos años al llegar al ocaso de su vida. Me enorgulleció hacer lo correcto por él después de haber recibido su amor durante tanto tiempo.

En las siguientes semanas y meses, pensé en lo que me había dicho Jerry. Pensé mucho en cómo el legado de mi mentor se propagará de tantas formas extrañas y hermosas para las generaciones venideras. Su influencia sobre mí se puede medir en un tiempo casi geológico, puntuado por nuestros desayunos semanales y llamadas telefónicas, los encuentros regulares, su aliento durante los buenos tiempos y su presencia durante los malos tiempos. La incesante determinación de Jerry de permanecer en mi vida es la lección más grande sobre la influencia que he aprendido.

En la sección anterior, hemos visto que estar interesado en otras personas es la puerta de entrada a una influencia duradera. Ahora vamos a ver qué pasa cuando vas un paso más allá e inviertes a largo plazo en la vida de los demás. Los siguientes capítulos tratan sobre la ampliación de tu esfera de influencia. Para la mayoría de las personas, esa esfera abarca a sus padres, sus abuelos, sus hijos y quizás algunos amigos cercanos. Cuida esa esfera: cuida tu propio jardín, corta tu propio césped, limpia tu propio camino. Pero ¿y si pudieras expandir ese legado más allá de la familia nuclear, a amigos, compañeros de trabajo y clientes lejanos? ¿A tu fontanero, tu barbero, tu cliente favorito? Las personas más influyentes, tipos como Jerry Middel, expanden sin descanso su esfera de influencia y dejan una parte de su legado en cualquiera que tenga la suerte de cruzarse en su camino.

Parece mucho trabajo, pero es fácil. Todo lo que tienes que hacer para comenzar es seguir una regla simple: sé dueño de tus palabras.

Sé dueño de tus palabras

Déjame contarte una historia sobre una mujer llamada Nancy. Actualmente, ella y su esposo dirigen una iglesia que a la que acuden decenas de miles de personas. Hace años, cuando estaban iniciando su iglesia, Nancy se propuso conocer a todos los miembros de su congregación.

Un día conoció a una madre soltera llamada Maggie. Era evidente que Maggie tenía que hacer esfuerzos para salir adelante. Su ropa estaba gastada y cuando Nancy pasó por su casa para visitarla, observó que el césped estaba cubierto de maleza. Al tejado le faltaban tejas, la pintura estaba desconchada y la lista continuaba. Cuando llamó a la puerta, Nancy tomó nota mental de todo lo que necesitaba algo de cuidado. Maggie la invitó a pasar, pero se la notaba claramente avergonzada por el estado de su casa. El suelo estaba sucio, nadie había quitado el polvo en semanas y las ventanas estaban cubiertas de mugre. Nancy fue anotando mentalmente todo lo que veía. Finalmente llegó a la cocina, que estaba tristemente desabastecida. Casi toda la comida del frigorífico era para el bebé. Como madre soltera, era muy difícil ganar lo suficiente para alimentar dos bocas.

Cuando Nancy se despidió, condujo directamente a su casa, donde escribió una lista de todo lo que Maggie necesitaba. Había que cortar el césped y quitar la maleza. El tejado necesitaba reparaciones. La casa necesitaba un trabajo de pintura. Las ventanas necesitaban lavarse. El interior necesitaba una limpieza profunda y todas las habitaciones necesitaban un poco de orden. Y sobre todo, Maggie necesitaba que su cocina se abasteciera con lo esencial. Nancy hizo planes para iniciar una colecta de alimentos y hacer que otros miembros de la congregación contribuyeran para hacer la vida de Maggie un poco más fácil. Después de todo, pensó, ¿de qué servía una iglesia si no se unía para ayudar a los más necesitados?

¿Sabes lo que hizo Nancy a continuación? Absolutamente nada.

Se le complicó la vida. Tenía una que dirigir iglesia y criar una familia. Tenía una avalancha de llamadas telefónicas y correos electrónicos que responder, eventos que planificar y reuniones a las que asistir. La lista de Maggie quedó enterrada en un mar de viajes al supermercado e invitaciones de boda y otras obligaciones típicas de una persona que nunca tiene suficiente tiempo libre.

La historia de Nancy no es única. Pasa muy a menudo. Haces una lista de cosas que quieres hacer y luego la vida se interpone en tu camino. Tienes las mejores intenciones, pero nunca tienes suficiente tiempo. El trabajo enloquece. Los niños tienen entreno de fútbol. Tu matrimonio atraviesa una mala temporada. A veces, las cosas que olvidamos hacer son nimiedades, como felicitarle un cumpleaños a un amigo. Otras veces son más importantes, como olvidar visitarlo en el hospital durante un ingreso.

La investigación muestra abrumadoramente que la mayoría de las personas se arrepienten más de las cosas que *no* han hecho que de las que sí han hecho. Por ejemplo, los estudios con pacientes de cuidados paliativos muestran que, por encima de todo, se arrepienten de no haber sido más cariñosos con aquellas personas que más les importan. Recuerdan todas las veces que perdieron las pequeñas oportunidades de expresar su amor porque tenían una llamada, porque estaban cansados, porque un millón de cosas sin importancia parecían más importantes en ese momento.

Soy un amante de la música. Me encanta poner Billy Joel, Journey y los Eagles en el coche. Pero hay una canción que me gusta por una razón diferente. Es «Cat's in the Cradle», de Harry Chapin. Ninguna canción ha tenido más influencia en mí. Es una historia desgarradora sobre un padre que nunca tiene suficiente tiempo para estar con su hijo. El niño da sus primeros pasos cuando está de viaje de negocios. Más adelante, el padre está demasiado ocupado para jugar a béisbol cuando su hijo tiene diez años. Siempre está trabajando hasta tarde en lugar de volver pronto a casa. La estrofa recurrente de la canción tiene al hijo diciendo *I'm gonna be like you, Dad, you know I'm gonna be like you* («Voy a ser como tú, papá, sabes que voy a ser como tú»). Luego, cuando el padre envejece y finalmente tiene tiempo para su familia, su hijo ya es adulto y tiene un trabajo propio exigente y demasiadas obligaciones. No tiene tiempo para ver a su padre. *He'd grown up just like* me («Ha crecido como yo»), se lamenta el padre cuando termina la canción. *My boy was just like me* («Mi hijo era como yo»).

Lloro cada vez que escucho esa canción. Cada vez que Tate quiere jugar a béisbol o hockey, dejo lo que estoy haciendo y salgo a la calle con él. Estaba decidido a ser tan buen padre como lo fue el mío conmigo. Cuando llegaba a casa de la escuela todos los días, mi padre siempre estaba allí. Nunca se perdió un solo partido de fútbol, un evento de los Boy Scouts o un musical escolar. Nunca se perdió una cena familiar. Quería desesperadamente que algún día Tate pudiera recordar las mismas cosas sobre mí.

También pienso en la esposa del pastor cuando escucho «Cat's in the Cradle». Pienso en todas las pequeñas cosas que decimos que haremos por los demás, y cómo todas esas promesas se reducen a polvo bajo el peso de la vida cotidiana. Puedes tener toda la intención del mundo de ser una influencia positiva sobre quienes te rodean; puedes hacer planes y escribir listas, pero todo será en vano a menos que conviertas esas palabras en acciones, a menos que seas dueño de tus palabras y de las promesas que hagas con ellas.

Para mí, el paradigma de un lugar que no puede hacer lo que dicen es el concesionario de automóviles. El vendedor promete un precio cuando te muestra el coche, pero tan pronto como vas a firmar, impuestos y tarifas de todo tipo: miles de dólares más de lo que pensabas que ibas a pagar. Cuando compré mi coche hace algunos años, el jefe de ventas me prometió que me enviaría un suéter de golf que él llevaba y que me encantaba. Pero una vez que firmé en la línea de puntos, ya no supe nada más de él. Él no era dueño de sus palabras. Esa única experiencia me bastó para jurar que nunca volvería a comprar un vehículo en ese concesionario.

Lo sé, sólo es un suéter de golf. Probablemente yo lo habría utilizado dos veces. Pero el jefe de ventas rompió una promesa y, como descubrieron los investigadores de la London School of Economics, romper las promesas es malo para los negocios. Después de observar a cientos de trabajadores en el campo de la medicina, los investigadores descubrieron que cuando un trabajador se da cuenta de que su jefe ha incumplido su palabra –por ejemplo, un aumento de sueldo prometido, una promoción o una prima extra–, subconscientemente ese trabajador «puede mostrar comportamientos negativos hacia otras partes inocentes como compañeros de trabajo o pacientes». En otras palabras, la influencia negativa de una sola promesa incumplida es tan tóxica que es más probable que «se lo hagamos pagar» a colegas y clientes, y empeore la situación.

Pero la influencia positiva de cumplir tu promesa puede ser igual de poderosa. Cuando me mudé a Denver por primera vez en 1999, conocí a un tipo llamado Ed Larkin. Tenía abonos de temporada para los Colorado Avalanche y se ofreció a vendérmelos para un puñado de partidos. Los precios subían y bajaban en función del calendario, y Ed prometió enviarme un cheque al final de la temporada por cualquier cantidad que hubiera pagado de más. Bueno, en abril llegó un sobre por correo de Ed. Dentro había un cheque por 23 centavos de dólar; ¡menos de lo que le había costado el sello! Ed me había dado su palabra de pagar cualquier cantidad y la cumplió. Más de dos décadas después, cada vez que le hago una promesa a alguien, pienso en Ed y en la influencia duradera de su cheque de 23 centavos.

Lo importante de ser dueño de tus palabras es que no tienes que exagerar. «Sencillamente cumple tus promesas: ir más allá no da resultado», concluyó un estudio de la Universidad de California en San Diego. En una serie de experimentos que exploraron el incumplimiento de promesas, el cumplimiento de promesas y el exceso de promesas, los investigadores descubrieron que, si bien las personas reaccionaban muy negativamente cuando se rompía una promesa, el efecto de excederse mucho era casi nulo. Por ejemplo, si vas a enviarle flores a mamá el Día de la Madre, será mejor que le envíes un sencillo ramo de rosas que llegue a tiempo que un ramo espectacular que llegue tarde. «Cuando cumples una promesa, no sólo has hecho algo bueno por alguien, sino que también has cumplido un contrato social y has demostrado que eres una persona fiable y de confianza», explicaron los investigadores. «Invierte esfuerzos en cumplir las promesas, no en excederlas».

Las personas más influyentes que conozco siempre invierten sus esfuerzos en cumplir sus promesas. Por ejemplo, cuando mi querido amigo Frank DeAngelis le hace una promesa a alguien, la hace de por vida. Era el director de la Columbine High School cuando dos estudiantes se movieron sigilosamente por los pasillos con armas de asalto y perpetraron el que hasta entonces fue el tiroteo escolar más mortífero en la historia estadounidense.[1] Después de la masacre, Frank se comprometió a ayudar a los estudiantes que sobrevivieron a reconstruir y forjar una nueva identidad para la escuela, retrasando su jubilación hasta que los estudiantes que se encontraban en el jardín de infancia en el momento de la masacre se graduaran en la Columbine High School. Tuve la suerte de asistir a la ceremonia de jubilación de Frank después una vez que se graduó la última clase. Había centenares de personas, cada una de ellas con una pila de cartas escritas a mano por Frank a lo largo de los años. Tarjetas de Navidad, tarjetas de cumpleaños, tarjetas de agradecimiento, tarjetas de condolencia…, todo el mundo, desde padres hasta estudiantes, secretarias y entrenadores, tenían una historia sobre cómo Frank había conmovido sus vidas.

Pero Frank cumple sus promesas incluso cuando la gente deja de observarlo. Hace unos siete años, Frank y yo estuvimos en el desayuno de negocios anual Book-n-Benefit de nuestra National Leadership Academy, de la cual Frank es el presidente honorario. El orador principal, el renombrado educador y consultor de negocios Dr. Marshall Goldsmith, retó a la audiencia a comprometerse a servir a algo o a alguien más allá de sí mismos, y a mantenerse dedicados a esa promesa por el resto de sus vidas. Me comprometí a rezar el rosario todas las mañanas. Frank se giró hacia mí y me dijo: «Tommy, te voy a decir todas las mañanas cuánto te quiero».

Al cabo de unas pocas semanas, las obligaciones se interpusieron en mi camino y mi oración del rosario se convirtió más bien en algo semanal, y más adelante sólo lo rezaba en ocasiones especiales. Mientras escribo esto, han transcurrido 2753 días desde que Frank me hizo la promesa y cada uno de estos días, Frank me ha enviado un mensaje de

---

1. El 20 de abril de 1999, dos estudiantes de último curso asaltaron la escuela y mataron a doce estudiantes y un profesor antes de suicidarse. *(N. del T.)*

texto para decirme lo importante que soy para él, y cuánto me quiere y me aprecia. Cuando sabe que estoy pasando por un momento difícil, me envía una cita inspiradora o un versículo de la Biblia para ayudarme a mantener una actitud positiva. En estos más de siete años he tenido mis altibajos, pero la única constante a lo largo de todo este tiempo ha sido el mensaje de texto diario de Frank diciéndome cuánto me quiere. (¡Creo que Frank me dice que me quiere más que mi esposa!) No puedo expresar con palabras cuánto ha significado para mí esa inversión diaria.

Ser dueño de tus palabras va mucho más allá que simplemente cumplir tus promesas. También significa asumir la responsabilidad cuando nadie más lo hará. Cada vez que me encuentro un bache cuando conduzco, pienso enfadado: «Hombre, alguien debería hacer algo al respecto». Cuando me cruzo con una persona sin hogar en la calle, pienso: «Alguien debería ayudarlo». Cuando camino junto a un montón de basura en la playa, pienso: «Alguien debería limpiar esto». Con demasiada frecuencia, es el problema de otra persona, no el mío. Hay un motivo por el cual pronunciamos tanto esta frase: no queremos que ese alguien seamos nosotros. Cuando decimos: «Debería hacer algo al respecto», de repente nos encontramos en una posición de responsabilidad. Nos enfrentamos a ser dueños de nuestras palabras.

Mi amigo Russ Jefferies nunca dice: «Alguien debería hacer esto». Si conocieras a Russ, verías a un tipo de aspecto normal con la cabeza rapada y una barba bien recortada. Cuando le preguntes a qué se dedica, simplemente dirá: «Me dedico a la climatización». Conócelo un poco y se arremangará para revelar tatuajes ornamentados que suben en espiral desde las muñecas hasta los omoplatos. La atención de Russ al detalle es legendaria. Cuando termina una reparación, utiliza Armor All (un material que se emplea para proteger el interior de los automóviles) en el exterior del compresor, la caldera y las tuberías para que tengan un brillo hermoso. Si alguna vez has tenido que pedir los servicios de un técnico de climatización, sabrás lo difícil que es conseguir que se presenten a una cita, y mucho menos que pulan la caldera a mano. Antes de conocer a Russ, el tipo que se encargaba del mantenimiento de mi aire acondicionado me daba una ventana de doce horas, y tenía suerte si aparecía. Russ no. Él y sus técnicos aparecen exactamente a la hora que dicen que lo harán.

Pero éstas no son las promesas que realmente le importan a Russ. Hace unos años, todos los miembros de una familia que yo conocía murieron mientras dormían porque la casa que alquilaban en Aspen (Colorado) tuvo una fuga de monóxido de carbono. Fue una tragedia horrible que hizo que me preocupara por no estar manteniendo a salvo a mi familia. Cuando se lo conté a Russ, dejó lo que estaba haciendo y vino a revisar minuciosamente mi casa en busca de fugas de combustión, extintores caducados y detectores de humo y de monóxido de carbono defectuosos. Necesitó toda la tarde. Cuando terminó, después de haber encontrado numerosos problemas potencialmente peligrosos, mencioné lo alarmante que era que las familias vivieran con equipos de seguridad estropeados sin ser conscientes de ello, muchas de las cuales no podían permitirse que alguien como Russ hiciera una inspección.

—Tienes razón, Tommy –coincidió Russ–. Debería hacer algo al respecto.

Unos meses más tarde, Russ fundó Code Red Heart, una organización comprometida con crear conciencia sobre los peligros ocultos en el hogar provocados por los gases tóxicos. Junto con otros voluntarios, Russ lleva a cabo evaluaciones completas de viviendas, instala detectores de humo y de monóxido de carbono, reemplaza extintores de incendios y busca fugas de gas, todo sin cargo para veteranos, discapacitados y en realidad cualquier persona que necesite una asistencia especial. Para Russ, el trabajo es personal. En 2016, le diagnosticaron esclerosis múltiple, una enfermedad impredecible que interrumpe el flujo de información entre el cerebro y el cuerpo. Durante los ataques, puede perder el equilibrio, la coordinación, la visión y la memoria, entre otros problemas que hacen que vivir sin nadie al lado resulte extremadamente peligroso. Para las personas con enfermedades como la esclerosis múltiple, un sistema de ventilación que funcione correctamente puede significar la diferencia entre la vida y la muerte.

Russ sacrifica gran parte de su tiempo para asegurarse de que los residentes más necesitados de Denver estén seguros en sus hogares. A pesar de que tiene menos tiempo para dedicarse a su negocio, éste sigue creciendo exponencialmente. La razón simple es que los clientes ven los sacrificios que está haciendo todos los días y dicen: «Quiero que esta persona trabaje en mi casa». Cuando la asociación que administra mi complejo de oficinas en el centro de la ciudad necesitó contratar una nueva empresa para revisar sus cientos de unidades de climatización, eligió a Russ sin dudarlo.

Si descubres que la vida se interpone en el camino de tus compromisos, sigue el manual de estrategia sobre la influencia de mi amigo Scott Lynn. Siempre que necesito consejo o asesoría, Scott está a mi lado. Me ha enseñado más sobre negocios que cualquier libro de texto o cualquier máster en administración de empresas. Cada vez que comemos juntos, Scott lleva encima un pequeño cuaderno negro. En él escribe cada promesa que hace a la gente, ya sea hacer una presentación, colaborar en el programa de becas de la National Leadership Academy o enviarme una copia del libro que está leyendo. Escribe cada promesa que hace, por pequeña que sea. Conozco a Scott desde hace más de dos décadas y nunca ha dejado de hacer lo que dice. Ni una sola vez.

Las promesas más importantes son las que hacemos a los que sufren. Piensa en cuántas veces has dicho o escuchado esta frase: «Estoy aquí por ti. Si necesitas algo, házmelo saber».

Odio, odio, odio esa frase. Todos la hemos dicho, por supuesto. Incluso yo mismo me tengo que contener de vez en cuando. Desde una edad temprana, se nos inculca la cortesía. *Preocúpate de lo tuyo. Pide permiso. Métete en tus asuntos. Pregunta qué puedes hacer para ayudar.* Excepto piensa en lo que realmente le estás diciendo a una persona que está sufriendo cuando le dices: «Avísame si necesitas algo». Además de sus problemas reales, le estás pidiendo que se preocupe por lo que podrías o no estar dispuesto a hacer. Si lo analizas bien, lo que realmente le estás diciendo es: «En realidad no quiero ayudarte, sólo estoy siendo cortés y diciendo lo que se supone que la gente debe decir».

En lugar de prometer ayuda vaga y no especificada, las personas influyentes se apropian de esas palabras y actúan. Mi amigo Lee es ese tipo de persona. Lo conocí hace años cuando Jill y yo nos mudamos a nuestra casa en Denver y necesitábamos un electricista. Cada vez que Lee venía a arreglar el cableado o cambiar una lámpara, aprendía algo más sobre la historia de su vida. Lee es uno de los cristianos más decentes que he conocido, pero aprendí que no siempre había sido así. Cuando era joven, sólo se preocupaba por las fiestas y las chicas, pero a los veintiún años, Lee dejó entrar a Dios en su corazón y prometió no volver a beber nunca más. Veintisiete años casado con su esposa, Damon, y cinco hijos después, Lee se ha convertido en alguien a quien quiero y admiro.

También es alguien que dice: «Debo ayudar», cuando ve a otra persona con problemas. Cuando llegó la pandemia de coronavirus, me quedé sin prácticamente trabajo, como millones de otras personas. No había mucho trabajo para la gente que da discursos a personas en auditorios abarrotados. Me vi obligado a despedir a mi personal y tuve un grave problema de flujo de caja después de tener que devolver muchos depósitos de clientes. Una mañana recibí una llamada telefónica de Lee:

—Tommy, sólo quería comprobar cómo te encuentras. Sé que la pandemia ha afectado a tu negocio. Has tenido un gran impacto en mi vida y en de mis hijos. Mi empresa se ha expandido y en estos momentos mi negocio va a tope, gracias a que todo el mundo está trabajando desde casa. Me gustaría hacer un depósito para que mi hijo y yo asistamos a uno de tus retiros de Heart-Led Leader, cuando se vuelvan a hacer. Y me gustaría hacer una donación aparte a la National Leadership Academy.

Me quedé estupefacto. Durante la pandemia, la mayoría de las personas vivían con miedo, pedían reembolsos y se guardaban el efectivo. Lee, en cambio, estaba firmando cheques y donando su dinero a causas benéficas.

Piensa en algunos de los momentos más difíciles de tu vida. ¿Te viste influenciado por las personas que se ofrecieron a hacer algo por ti? ¿O te viste influenciado por los que realmente hicieron algo por ti? Tu estadio no se va a llenar de gente que recuerde las promesas que les hiciste, sino de personas que recordarán las promesas que cumpliste. Como dice mi esposa, «¡Hacer lo que dices es más importante que decir lo que haces!».

Esto es lo que te desafío a que hagas la próxima vez que hables con alguien que está pasando por un momento difícil. En lugar de decir: «Si hay algo que pueda hacer por ti», dile: «Esto es lo que me gustaría hacer por ti». Si se trata de llevarle comida u otros productos a un amigo enfermo, dile: «Más tarde iré al supermercado. ¿Qué necesitas y cuándo debo traértelo?». Si se trata de visitar a un amigo que está atravesando un duelo, dile: «Si te parece bien, me encantaría pasar por tu casa y abrazarte. ¿Cuándo es un buen momento?». Si se trata de una mamá que acaba de tener un bebé y siempre está cansada, dile: «Me gustaría traerte una caja de pañales y cuidar al bebé para que puedas dormir un poco. ¿Cuándo debería venir?». Sé específico. Sé directo. Y la próxima vez que estés pasando tú por un momento difícil, si alguien te dice: «Avísame si puedo hacer algo por ti», hazle saber qué puede hacer por ti. No tengas miedo de pedir ayuda. Los estás honrando al aceptar su ayuda y muy probablemente llevará vuestra relación un peldaño más allá.

Hasta ahora hemos comentado el poder de ser dueño de tus palabras en relación con las promesas. Pero hay una segunda forma de ser dueño de tus palabras que implica mucho más que simplemente hacer lo que dices. Ser amo de tus palabras también significa ser consciente de las palabras específicas que utilizas cuando hablas con los demás. De media, decimos unas dieciséis mil palabras al día, la mayoría sin pensarlas. ¿Puedes recordar sinceramente alguna de las palabras que dijiste ayer? Sin darte cuenta, estás influenciando a la gente todos los días con tus palabras. Las palabras pueden reforzar a otros o bien derrumbarlos, a veces para toda la vida. Aprendí esto de la manera más difícil, hasta el punto en que mi esposa tiene un dicho: «Tommy, tus palabras te han hecho una persona de mucho éxito, pero también te han metido en muchos problemas».

Tiene razón: tengo el clásico temperamento italiano caliente. Con el calentón del momento, a veces digo cosas de las que me arrepiento, palabras que tardan mucho tiempo en cicatrizar. Hace unos años, llegué a casa después de un viaje particularmente inhumano: veinte ciudades en tres semanas por todo el mundo. Esa noche nos dispusimos a cenar y Jill me preguntó si por favor me ocuparía de algunas cosas de la casa que había prometido abordar el mes anterior. Su tono no era hostil ni acusatorio, pero le hablé mal:

—Acabo de regresar de un gran viaje por carretera trabajando como una mula. ¿Qué has hecho este último mes?

La insinuación era que Jill, una maestra que había sacrificado su carrera para criar a nuestros hijos, no estaba haciendo su parte. Todo ese tiempo había estado a cargo de nuestra casa sola, llevando a tres niños al entrenamiento de hockey, al coro y a docenas de otras actividades extraescolares, limpiando la casa sola, haciendo la colada y todo ello casi sin dormir, y le acababa de sugerir que era una perezosa. Fue una de las cosas más horribles que he dicho. No importaba lo mucho que quisiera retractarme de esas palabras, no importaba lo equivocado que estuviera, ahora era dueño de esas palabras.

De alguna manera, Jill me perdonó. Eso es lo que la hace tan especial. La verdad es que me gustaría ser más como ella. Cuando alguien me dice algo desagradable, mi impulso es apartarlo de mi vida. Las palabras negativas arden en mi cerebro. Me inquietan. Las utilizo como combustible para la motivación. Casi todos los días pienso en mi profesora de mecanografía de secundaria, Ms. Dizzini, quien me dijo que nunca iría a la universidad porque era «estúpido». Era dueña de esas palabras, aunque estoy seguro de que más adelante se arrepintió. Jill habría dejado pasar esas palabras; le habría dado a Ms. Dizzini el beneficio de la duda, pensando que tal vez tenía un mal día. Ese tipo de resiliencia emocional es el superpoder de Jill, pero yo no soy tan fuerte.

Cuando era un niño, mi héroe era mi vecino Jimmy. Era guapo, carismático, atlético… un ganador nato. Emulaba todo lo que hacía. Incluso lo seguí a la misma universidad. Hace un tiempo, pasó por un divorcio difícil. Lo llamé casi todos los días mientras pasaba por el período más humillante de su vida, y nos hicimos muy amigos mientras lo superaba. Finalmente, Jimmy se volvió a enamorar y se casó con una mujer maravillosa, Mallory, y la acogimos como si fuera alguien de la familia. Y luego, un buen día, Jimmy me envió un mensaje de texto: él y Mallory estaban de visita en Denver y querían venir a cenar. Jill y yo estuvimos de acuerdo inicialmente, pero luego Jimmy preguntó si sus suegros también podían venir.

Lo hablé con Jill. Llevaba en casa tres días después de haber estado en la carretera durante un mes. Ambos estábamos exhaustos. Aquélla era una oportunidad de recargar pilas y pasar tiempo de calidad juntos antes de que volviera a la carretera. Con gusto hubiéramos invitado a Jimmy y Mallory a una cena informal, pero no estábamos preparados para organizar una reunión formal con sus suegros. Le expliqué la situación a Jimmy a través de un mensaje de texto y le pedí posponerlo para otra ocasión. Para mi sorpresa, se sintió terriblemente ofendido. Me envió algunos de los mensajes de texto más hirientes que he recibido. Me quedé estupefacto, estaba en shock, triste. En el lapso de unos minutos, una de las relaciones más importantes de mi vida había quedado destruida por unas pocas palabras devastadoras. Perdoné a Jimmy, pero sus hirientes palabras nunca desaparecerán de mi pensamiento.

¿Cuál es la palabra que te ha influenciado hasta la médula? ¿La palabra que te llenó de esperanza o de dolor? En mi caso, esa palabra es «estúpido». Ninguna otra palabra me ha causado más dolor. Aplastó mi confianza durante años, aunque también me motivó a trabajar más duro que todos los que me rodeaban. Todavía siento escalofríos cada vez que la oigo.

Después de escuchar palabras como ésta suficientes veces, podemos dejar que nos definan. Y a veces comienzan a poseernos a cambio. Mi amigo Curtis Zimmerman las denomina nuestros «guiones»: pensamientos y creencias poderosos que afectan a la forma en que nos comportamos desde una edad temprana. Crean respuestas automáticas y suposiciones como «Soy demasiado viejo para...» o «No soy lo suficientemente bueno para...» o «Nunca tendré una relación como...». Guiones como éstos son los que nos impiden probar cosas nuevas o desafiantes. Igual de importantes son los que nos impiden hacer y cumplir nuestras promesas: «Nunca tendré tiempo para...», «No soy lo suficientemente fuerte para...», «No soy lo suficientemente amable para...», etc.

Durante años, Curtis siguió un guion difícil. Provenía de una familia con problemas. Su madre se casó seis veces. Se mudó treinta y siete veces. Creció con una grave dislexia, incluso peor que la mía. Tuvo problemas de salud que hicieron que se pasara la mayor parte de su infancia entrando y saliendo de hospitales. El guion de Curtis no era agradable, y así continuó hasta que, a los once años, conoció a Tommy. No, yo no, este Tommy era un mimo profesional. El mejor de Los Ángeles. Curtis lo vio actuar un día en un centro comercial. Quedó hipnotizado al instante. Curtis practicó la mímica durante semanas y semanas hasta que reunió el suficiente coraje para mostrarle su coreografía de robot a Tommy.

—Eres realmente bueno –le dijo Tommy–. ¿Por qué no vuelves mañana?

Instantáneamente y para siempre cambió el guion de Curtis. A partir de ese momento, Curtis fue artista. Durante los siguientes treinta años, viajó por todo el mundo actuando como mimo y malabarista antes de dedicarse a la oratoria motivacional. Cada año durante la última década, Curtis ha sido un orador destacado en la National Leadership Academy. Ahora confía en mí cuando digo que los niños de secundaria tienen los mejores detectores de gilipolleces del mundo. Si te subes a un escenario y no eres auténtico, si lo que les dices es falso, estos niños te pillarán más rápido de lo que pueden decir tu nombre. Con Curtis, no se trata sólo de los malabares y escupefuego y los otros trucos que hace para animar a su audiencia; tiene la rara habilidad de atraer a todo un teatro en el momento en que sale. Más que cualquier otro orador que haya conocido, sus hermosas palabras permanecen en tu mente.

Como Curtis siempre dice, las palabras no tienen por qué despedazar a la gente. Si eliges tus palabras con cuidado, si te apropias de su poder, puedes ayudar a reescribir el guion de otra persona. Cuando le oí decir esto por primera vez, inmediatamente recordé el 18 de octubre de 1986, el día en que mi vida cambió para siempre. El equipo de fútbol de mi escuela de secundaria, Suffern, se enfrentaba a nuestro archirrival, Clarkstown North. Perdíamos por dos, era el cuarto intento, teníamos el balón en la yarda veinte de Clarkstown y quedaban veintinueve segundos de partido. Nuestro entrenador jefe, Bob Veltidi, tenía dos opciones: hacer que nuestro *quarterback* estrella lanzara una ruta post a la esquina de la *end zone*, o bien hacer que el *kicker* debutante, que nunca había intentado un *field goal* en toda su carrera, pateara a treinta y siete yardas. Ese *kicker* era yo, y el entrenador Veltidi no dudó ni un segundo.

Unos instantes después me encontraba solo en el campo mirando los postes de anotación. Ni siquiera había entrenado un *field goal* tan alejado. Justo cuando había conseguido reunir algo de confianza, el entrenador de Clarkstown pidió tiempo muerto para desconcentrarme antes de que pudiéramos hacer el *snap*. Ahora tenía otros sesenta segundos para pensar en todas las formas en que podría fallar. El balón se desvía a la izquierda. O a la derecha. O golpea el poste. O se queda corto cinco metros. O lo peor de todo… ni siquiera golpea el balón.

Nunca olvidaré los siguientes sesenta segundos mientras viva. El entrenador Veltidi saltó al campo y me vino a buscar a la yarda veintiséis. Me cogió por el casco y me susurró al oído:

—Creo en ti, Tommy. Y tanto si conviertes este *field goal* como si no, te voy a querer.

Y luego se dirigió tranquilamente a la línea lateral mientras se reiniciaba el cronómetro.

De repente, los postes parecían mucho más cercanos y el travesaño mucho más bajo. Independientemente de lo que hiciera, sería querido. Un segundo después, el *center* hizo el *snap*. El *holder* plantó el balón en el suelo orientándolo de modo que los cordones quedaran hacia la portería. Di cuatro pasos hacia adelante y pateé la pelota, tal como lo había hecho miles de veces en los entrenamientos.

—¡La patada es buena! ¡La patada es buena! ¡Spaulding ha hecho pasar el balón por encima del travesaño! –gritó el locutor–. ¡Suffern gana por un punto!

Ese momento pasó hace más de treinta y cinco años, y pienso en él casi todos los días. También lo pensé el 27 de diciembre de 2021, cuando oí que el entrenador Veltidi había fallecido a los setenta y cuatro años. Con esas sencillas palabras –«Creo en ti, Tommy»–, había dado la vuelta a mi guion. Me ayudó a ver algo en mí mismo que no sabía que estaba allí, y siempre estaré en deuda con él.

Cuando oigo hablar a Curtis, también pienso en otro día: el 6 de noviembre de 1975. Tenía sólo seis años. Después de tener a mi hermana Lisa y a mí, mis padres decidieron adoptar a una niña de ocho meses de Corea del Sur. Fue algo atrevido y hermoso de hacer en un momento en que la adopción no era tan aceptada como lo es hoy en día.

—¡Tommy, hoy vamos a ir al aeropuerto en coche para recoger a tu nueva hermanita! –me dijo mi madre una mañana.

—¡Genial! –le respondí–. ¿Es así como se hacen los bebés?

—Sí, Tommy –respondió ella, conteniendo la risa–. ¡Los pides y los recoges en el aeropuerto!

Llegamos al aeropuerto John F. Kennedy y –como era la década de 1970– caminamos hasta llegar a la puerta. Estábamos rodeados de otras familias, todos esperando que aterrizara un avión jumbo 747 procedente de Seúl. Finalmente, la puerta se abrió y tres asistentes de vuelo salieron cargando a tres bebés, cada uno con una pulsera que los relacionaba con su nueva familia. Cuando la azafata entregó a mi hermana Michele a mis padres, todos rompimos a llorar. Era la cosa más hermosa que jamás había visto.

Entonces, por alguna razón, decidí dirigirme hasta mostrador de venta de billetes y tomar el intercomunicador. Los altavoces crepitaron y entonces todas las familias, las azafatas y los transeúntes que estaban pasando por allí levantaron la vista y oyeron mi primer discurso público:

—Hola, mi nombre es Tommy Spaulding –dije con confianza con mi vocecita de mocoso–. Acabo de ver a todos los bebés y sólo quería que supierais que mi familia... ¡tiene la más bonita!

A mis padres les encanta contar esta historia. Michele debe haberlo oído un millón de veces. «Tenemos la más bonita». Desde el día que llegó a Estados Unidos y se unió a nuestra familia, éste fue el guion de Michele. Esas palabras tuvieron un profundo impacto sobre su desarrollo y su confianza. Hasta el día de hoy, cada vez que me despido de mi hermana, susurro: «Tenemos la más bonita».

Marco Aurelio, el emperador romano que gobernó entre 161 y 180 d.C. y uno de los más grandes líderes y filósofos que jamás haya existido, dijo una vez: «Realiza cada acto de tu vida como si fuera el último». Me gusta pensar que las personas más influyentes van un paso más allá: pronuncian cada palabra como si fuera la última.

Recuerda que las palabras son algo poderoso. Utilízalas responsablemente.

Inicia una racha de influencia

Uno de mis lugares más preciados en el mundo es el Monument Park en el Yankee Stadium. Tiene una colección de estatuas, placas y números retirados en honor a los mejores New York Yankees de todos los tiempos. Mi placa favorita es la de Lou Gehrig, apodado Iron Horse («Caballo de Hierro»). Jugó en la posición de primera base en los Yankees desde 1923 hasta 1939, cuando se vio dificultado por una misteriosa enfermedad llamada esclerosis lateral amiotrófica. La dolencia, posteriormente conocida como enfermedad de Lou Gehrig, acabó con la vida del genial jugador sólo dos años después. Cuando el enfermo Iron Horse se retiró de la plantilla en 1939, había jugado la asombrosa cantidad de 2130 partidos consecutivos. Su placa en Monument Park dice: «HENRY LOUIS GEHRIG: A MAN, A GENTLEMAN AND A GREAT BALL PLAYER WHOSE AMAZING RECORD OF 2130 CONSECUTIVE GAMES SHOULD STAND FOR ALL TIME».1

De hecho, durante décadas, la gente pensó que ese récord se mantendría para siempre. El béisbol es un deporte duro. Tu cuerpo se sufre cuando juegas nueve entradas día tras día. Pero cincuenta y seis años después de que Gehrig jugara su último partido, la racha fue superada por un campocorto llamado Cal Ripken, Jr. Durante 2632 partidos seguidos, Cal se calzó y fue a trabajar. Apareció cuando estaba enfermo, cuando le dolía la rodilla, cuando cualquier otra persona se habría quedado durmiendo en casa. Cal no siempre fue el mejor jugador en esos

---

1. Henry Louis Gehrig: un hombre, un caballero y un gran jugador de béisbol cuyo sorprendente récord de 2130 partidos consecutivos debería permanecer para siempre. *(N. del T.)*

2632 partidos. Alguna vez se fue con un 0-4 en la base o cometió un error. Pero siempre aparecía, siempre era de fiar, y por eso está considerado como uno de los más grandes de todos los tiempos.

Las rachas no son sólo para el béisbol. Todos los días, alguien cuenta contigo para que simplemente aparezcas, aunque no te encuentres en tu mejor momento. Como el propio Cal escribió más tarde, «crías hijos, levantas un negocio o estás ahí para tus amigos: si sigues apareciendo, independientemente de que establezcas un récord o no, sobresales… porque la gente puede contar contigo. Sólo muéstrate».

Cuando lo piensas, mostrarse no siempre se percibe como establecer un récord de Major League Baseball o hacer una gran inversión en otra persona. Más a menudo se percibe como hacer lo mínimo. Es tener un registro de asistencia decente para poder graduarte en el instituto. Ir a bodas y funerales. Ir a trabajar cuando no te encuentras bien porque tu equipo te necesita. En pocas palabras, si no estás presente en la vida de los demás, ¿cómo puedes esperar ejercer una influencia positiva en ellos?

Decidí hace mucho tiempo que me convertiría en el Cal Ripken, Jr. que se muestra ante amigos y familiares que están pasando por un momento difícil. Quería que esa racha se convirtiera en mi legado. Cuando mi mejor amigo de secundaria, Corey, se divorció hace unos años, lo llamé todos los días durante un año. Le dije que era un buen hombre y que lo superaría. A veces hablábamos del divorcio y a veces no. A veces Corey necesitaba desahogar su ira y a veces hablaba de algo que ansiaba. A veces profundizábamos en un tema y otras discutíamos sobre fútbol. Aprendí mucho sobre el proceso de sanación durante nuestras llamadas diarias. No existe una varita mágica para ayudar a alguien a sentirse mejor. Se necesita tiempo y presencia constante, y de eso va el mostrarse. No siempre son las palabras las que importan, sino la consistencia de esas palabras.

Cuando te muestras, es tu presencia lo que importa por encima de todo lo demás. El simple hecho de *estar allí*, aunque se trate de una llamada telefónica, puede inculcar una increíble cantidad de influencia, especialmente en tiempos muy difíciles. Hace unos veranos, mi amigo Scot perdió a su hijo adolescente, Teddy, por suicidio. Había sido víctima de un horrendo ciberacoso. Scot no tenía idea de cuánto sufría su hijo hasta que fue demasiado tarde. Conocía a Teddy. Era un gran chico con un gran corazón. Tras la muerte de Teddy, Scot estuvo en estado de shock durante meses y sus amigos tenían problemas para mostrarse ante él. ¿Qué se le puede decir a alguien que ha perdido a un hijo? Yo tampoco tenía idea, pero lo llamé de todos modos y le dije que lo quería. Le enviaba mensajes de texto todos los días. Por encima de todo, seguí siendo una presencia en la vida de Scot. Después de unos meses, me envió una nota escrita a mano que simplemente decía: «Gracias por estar ahí, Tommy. Yo también te quiero».

Si alguna vez has pasado por un período difícil, sabes lo aislado que te puedes sentir, como si estuvieras en una cueva oscura y no pudieras ver la salida. Pero cada vez que alguien te hace saber que está ahí, se enciende una lucecita y puedes ver un poco mejor. Si se muestra una y otra vez, la cueva se vuelve más clara y menos aterradora. En poco tiempo, el camino de salida está completamente iluminado. Mostrarse a alguien de esta manera —encendiendo una lucecita a la vez— requiere una racha de un acto pequeño tras otro. Lo más importante, como en cualquier racha, es ser constante. Si decides presentarte ante alguien que está pasando por un momento difícil, elige una frecuencia, ya sea una vez al día o una vez a la semana, y cúmplelo. Anótalo en tu agenda si lo crees necesario.

He aquí un ejemplo de lo que quiero decir. Soy amigo de una pareja maravillosa de Fairfield (Iowa) llamada Lori y Nate. Hace unos años, Lori, directora ejecutiva de una empresa de fabricación de plásticos, me contrató para hablar en la Iowa Association of Business & Industry. Rápidamente nos hicimos amigos después de que ella asistiera a mi retiro de liderazgo y rápidamente me enamoré de Nate, el entrenador principal de fútbol americano de la escuela de secundaria local. Lori y Nate son como los coalcaldes de su pequeño pueblo, devolviendo constantemente a su comunidad y apoyando las organizaciones benéficas locales.

Poco antes del fin de semana del Día de los Caídos[2] de 2018, a Lori le diagnosticaron un cáncer de mama. Todo el pueblo la apoyó, pero las

---

2. Festividad en honor a los hombres y mujeres que han muerto en servicio en el ejército de Estados Unidos. Se celebra el último lunes de mayo. *(N. del T.)*

sesiones semanales de quimioterapia eran agotadoras. Tenía que levantarse todos los lunes a las seis de la mañana y conducir dos horas hasta Des Moines para las sesiones. Perdió el cabello y necesitaba cada gramo de su energía para salir de casa todos los días, por no hablar para dirigir una empresa importante.

Todos los lunes por la mañana durante doce semanas, la llamaba a las siete en punto, cuando se dirigía a su sesión semanal de quimioterapia. Incluso cuando no me encontraba bien o quería dormir, mantuve mi racha porque sabía que Lori esperaba con ansias esa llamada, la siguiente lucecita que se encendía dentro de su cueva. Hablábamos de sus hijos, el trabajo, los partidos de fútbol de su esposo, cualquier cosa que mantuviera su mente alejada del cáncer. Afortunadamente, el tratamiento funcionó y Lori ya no tiene cáncer. Pero en un cruel giro del destino, a Nate se le diagnosticó un cáncer testicular poco después de que Lori terminara su tratamiento. Así que llamaba a Nate todos los lunes por la mañana a las siete en punto durante su viaje a Des Moines. Cuando no hace mucho di una charla en la empresa de Lori, ella me presentó a sus empleados no como un experto en liderazgo o un autor de superventas, sino como el amigo que los llamaba a ella y a Nate todos los lunes por la mañana durante el período más oscuro de sus vidas. Finalmente, no son sólo los amigos que están pasando por un momento difícil los que necesitan que los ayudes. Mis parientes Doug y Susan Stanton dominan este concepto mejor que nadie que yo conozca.

Uno de los mayores remordimientos de estar de gira tantos días al año es que no puedo ver todos los eventos de Anthony, Tate y Caroline. Una cosa que mis hijos tienen en común es que les encanta que la familia los anime. Movería cielo y tierra por ver a Tate o Anthony jugar al hockey sobre hielo, o por ver a Caroline moverse en el campo de hockey sobre hierba, pero a veces sencillamente no es posible. En este sentido, al comienzo de cada curso escolar, Doug y Susan preguntan los horarios de mis hijos. Marcan todos los partidos de hockey y de baloncesto. Todos los musicales escolares. Cada recital de danza. Y aparecen, siempre. Al igual que Cal Ripken, Jr., son famosos por no perderse nunca un partido. La influencia que transmiten a mis hijos no es un consejo que cambie la vida. Más bien, con sus simples acciones, Doug y Susan les están diciendo a mis hijos que ellos son importantes.

Que son queridos. Que esa familia siempre estará ahí para ellos. Doug y Susan entienden que, en muchos de los momentos más importantes de la vida, tu presencia es el mejor regalo que puedes ofrecer.

¿Cuál es tu racha? ¿Quiénes son las personas ante las que te muestras una y otra vez? Cuando inviertes en la vida de los demás mostrándote –siempre, pase lo que pase–, tu legado resultará tan importante como el de Cal Ripken.

Sé un ángel inversor

Una de las figuras más influyentes en mi vida es un chico que conocí sólo unos segundos. Fue en 2005, cuando todavía era director ejecutivo de la organización sin ánimo de lucro Up with People. Estaba dando una conferencia en San Diego patrocinada por Rare Hospitality, que entonces era la empresa matriz de Capital Grille y Longhorn Steakhouse.

Después de mi conferencia, Jill y yo estábamos recorriendo el lugar, el Hotel Del Coronado, un hermoso *resort* de playa de estilo victoriano situado en la bahía de San Diego. Mientras subíamos los grandes escalones del vestíbulo, nos encontramos con Phil Hickey (director ejecutivo de Rare Hospitality). Me dio las gracias por mi participación en el evento y le presenté a Jill, que estaba embarazada de Caroline. Charlamos durante un minuto antes de que Jill le preguntara a Phil sobre su familia. Phil esbozó una gran sonrisa y reveló con orgullo que él y su esposa acababan de celebrar su cuadragésimo aniversario de bodas. Nos habló de sus hijos y que todos vivían cerca de él en Atlanta, y lo importante que era permanecer cerca de tu familia cuando envejeces.

Jill y yo nos miramos. Ambos amamos profundamente a nuestros padres, pero no necesariamente «hacíamos vida» junto a ellos. Los veíamos en Navidad, Semana Santa, Acción de Gracias, tal vez algún que otro cumpleaños… Los llamábamos cada dos semanas. Hacíamos todo lo que se supone que debes hacer como familia, pero el consejo de Phil nos hizo darnos cuenta de cuán distante se había vuelto nuestra relación. Miré la barriga de Jill y me pregunté «¿Es así como nos verán nuestros futuros hijos? ¿Viviremos tan separados que tendremos que depender de los días festivos para reunirnos?».

—¿Cómo lo hacéis? –le preguntó Jill a Phil–. ¿Cómo hacéis vida juntos de esta manera?

Phil miró su reloj: tenía un millón de lugares a los que ir. Pero el fuerte y canoso director general nos lanzó una mirada perspicaz. Luego dijo algo que nunca olvidaré:

—Tienes que hacer sentir a tus hijos, desde el momento en que salen del útero hasta que se gradúan en la universidad y comienzan sus vidas, que son amados incondicionalmente. No importa lo que hagan. Te pondrán a prueba de todas las formas posibles. Te llevarán al límite. Pero debes quererlos, y lo que es más importante aún, deben saber que los quieres. Pase lo que pase. Eso es todo.

Y entonces Phil se alejó.

He leído todos los libros sobre la crianza de los hijos. He escuchado docenas de podcasts elocuentes sobre cómo ser mejor padre. Pero las palabras de Phil Hickey en los escalones del Hotel Del Coronado siguen siendo el consejo para padres más importante que he recibido. A lo largo de los años, hemos tenido muchas discusiones con nuestros hijos, como cualquier familia. Nos han puesto a prueba y han tirado de la cuerda hasta estar a punto de romperla. Pero no importa cuán enfadados y descontentos nos pongan nuestros hijos a Jill y a mí; siempre nos miramos y pensamos: «Recuerda a Phil y la conversación de la escalera». Respiramos hondo y les decimos cuánto los queremos. Independientemente de nuestros errores como padres, nuestros hijos conocen un hecho imborrable: los queremos incondicionalmente. Nada de lo que hagan puede cambiarlo. Aunque sólo pasamos tres minutos con Phil Hickey, utilizó esos tres minutos para hacer una gran inversión en mi vida.

¿No es gracioso cómo a veces las interacciones más cortas se quedan con nosotros para siempre? Todo el mundo tiene una historia sobre una persona como Phil. Tal vez fue un profesor que te mostró un libro que cambió tu vida. Tal vez fue un desconocido que te pagó la cuenta en un restaurante. El gerente de recursos humanos que te ofreció un trabajo que acabó convirtiéndose en una profesión. Incluso aquel tipo que te dio su paraguas durante un aguacero. Nunca sabes cómo incluso el más mínimo gesto puede cambiar radicalmente una vida.

A gente como ésta a menudo se les llama «ángeles», pero me gusta pensar en ellos como «ángeles inversores». En el mundo de las finanzas, un ángel inversor es alguien que aporta un capital inicial para una empresa nueva mucho antes de que otros inversores estén dispuestos a unirse. Es una inversión muy arriesgada, ya que la mayoría de las empresas de nueva creación fracasan durante esta etapa. El término proviene originalmente del teatro de Broadway, cuando los «ángeles» ofrecían dinero a los musicales a punto de cerrar. Algunos ángeles inversores dan dinero a una empresa con la esperanza de obtener un gran rendimiento, pero otros lo hacen porque creen en la visión del liderazgo y su potencial para ayudar al mundo. Me gusta pensar que la influencia funciona de manera similar. Es por eso por lo que personas como Phil Hickey invierten en la vida de desconocidos a pesar de que no obtendrán nada a cambio.

He tenido la suerte de contactar con muchos ángeles inversores. Mi profesor de negocios en la Universidad de Carolina del Este era un caballero llamado Jack Karns. Enseñaba a centenares de estudiantes cada año y no tenía tiempo de conocerlos en persona. Pero eso no impidió que me llevara aparte un día al terminar la clase.

—Tommy –me dijo–, me he dado cuenta de que te muerdes las uñas. Se trata de un hábito terrible. Si quiere ser respetado como líder empresarial, debes evitarlo.

Se trataba de una persona con la que nunca había hablado personalmente, pero se preocupaba lo suficiente por mi futuro como para dirigirse a mí francamente. Unas semanas más tarde, Jack me llevó a comprar mi primer traje formal y me enseñó que no importaba cuánto costara mi ropa, sólo que me quedara bien y combinara bien. Muchas de mis costumbres cuidadosamente cultivadas se las debo a Jack, a quien simplemente le importaba lo suficiente como para enseñarme cómo ser un hombre.

La clave para ser un ángel inversor es no esperar nada a cambio de tu amabilidad. Cuando esperas algo a cambio, te convierte en un cobrador de deudas, no en un inversor. Hace varios años, estaba asesorando a un joven talentoso de San Luis llamado Ben, que estaba iniciando una consultora de marketing de marca. Cuando estaba desarrollando su currículo, se ofreció a visitar mi oficina y ofrecerle a mi personal una introducción a la marca. Pasó el día con nosotros e hizo un excelente trabajo. Una semana después, Ben me llamó.

—Así pues, Tommy –dijo–, te ayudé. Ahora, ¿qué vas a hacer tú para ayudarme?

En ese momento, toda la amabilidad que había mostrado hacia mí y mi equipo se evaporó. Me di cuenta de que no había invertido en nosotros porque estaba realmente interesado en ayudar; lo hizo para obtener un «me debes una». Ben finalmente se disculpó y lo perdoné, pero apenas hemos hablado desde entonces. Algunas influencias negativas son demasiado profundas.

A veces, los ángeles inversores hacen pagos únicos; otras veces siguen invirtiendo una y otra y otra vez. Cuando me mudé a Denver por primera vez en 1999 para iniciar mi organización sin ánimo de lucro de desarrollo de liderazgo juvenil, no tenía dinero ni ninguna relación. No tenía idea de por dónde empezar. Tuve la suerte de conocer a un hombre llamado Bill Graebel. Cuando compartí con él mi visión de crear un programa para inspirar a los jóvenes a convertirse en líderes guiados por el corazón, Bill no exigió reunirse con mi consejo de administración, ni ver el currículo de mi programa, ni la carta de confirmación 501(c)(3)[1] ni el desglose del plan de gastos. Se limitó a decir «Me meto».

Desde entonces, más de diez mil niños se han graduado de nuestra National Leadership Academy y Bill ha ayudado a financiar el desarrollo de cada uno de ellos. Si un niño de una familia con pocos ingresos de los barrios marginales no puede pagar la matrícula del programa, Bill pagará el coste total. Cuando planeo un programa de la Global Youth Leadership Academy en otro país, Bill ofrece los servicios de su negocio, Graebel Relocation Services, una empresa de reubicación corporativa de gran éxito que maneja la logística global. Bill está allí para proporcionarnos cualquier cosa que necesitemos. Durante más de veinte años, Bill nunca ha pronunciado la palabra «No». Ni una sola vez ha esperado algo a cambio, sólo que devuelva su amabilidad a otra persona siempre que me sea posible.

Pensé en Bill hace unos años cuando mi amigo Scott y su esposa, Kristen, me llamaron por teléfono. Estaban preocupados por Taylor, su

---

1. Organización sin ánimo de lucro, de carácter religioso, científico, literario o educativo, exenta de pagar impuestos. *(N. del T.)*

hija de quince años. Estaba luchando contra la ansiedad y la baja auto-estima. Al salir de la escuela, iba directamente a casa, sin hacer ninguna actividad, sin tener ninguna afición, sin quedar con amigos. Le encantaba cantar, pero también lo había dejado. Scott y Kristen estaban comprensiblemente preocupados y esperaban que el programa de verano para estudiantes de secundaria que dirijo, la Global Youth Leadership Academy, pudiera ayudar a aumentar la confianza de su hija.

Por supuesto que quería ayudar, pero primero necesitaba conocer a Taylor para ver si encajaría bien. Unos días después, Jill y yo nos reunimos con Scott, Kristen y Taylor para cenar en un restaurante local. Me pasé la comida acercándome a Taylor, haciéndole preguntas significativas, sacándola de su zona de confort y tratando de entender su mundo. Al principio, Taylor mantenía la guardia, pero poco a poco se fue abriendo.

—Tus padres me han mencionado que te encantaba cantar –le dije gentilmente–. ¿Cómo es que lo has dejado? Estoy seguro de que a tus amigos y familiares les encantaría escuchar tu voz.

Taylor inmediatamente se cruzó de brazos y encogió los hombros, como si se refugiara en su caparazón.

—No me gusta cantar delante de otras personas –murmuró sin dejar de mirar la comida–. Y de todos modos, no soy muy buena. Nadie quiere oírme cantar.

—Bueno, yo también tendría miedo de actuar delante de la gente –respondí–. Aunque puedo decir que tienes una voz mucho mejor que yo. Y sé con certeza que a muchas personas les encantaría escucharte cantar de nuevo.

Pasamos el resto de la noche generando confianza y al terminar de cenar Scott y Kristen nos invitaron a Jill y a mí a volver a su casa para compartir un buen vino. Tras haber pasado la noche con Taylor, me di cuenta de que era mucho más dura de lo que parecía. Tenía un sentido del humor perverso y me di cuenta de que en el fondo anhelaba un desafío.

En la sala de estar de Scott y Kristen, llevé a Taylor aparte y le pregunté si quería participar en nuestra Global Youth Leadership Academy en Suiza el verano siguiente. Me miró por unos instantes antes de esbozar una gran sonrisa, una que sus padres no habían visto en años.

—Sólo te pongo una condición –le dije–. Tienes que cantar una canción para nosotros esta noche.

Taylor se tensó de inmediato y temí que toda la confianza que había construido con ella se hubiera disipado.

—Ne… Necesito pensarlo un rato –balbuceó antes de retirarse a su habitación.

Scott, Kristen, Jill y yo nos sentamos en la sala de estar, charlando ansiosamente. ¿Qué pasaría si Taylor no volvía a salir? ¿La había empujado demasiado lejos? Mi trabajo es ayudar a los adolescentes a desarrollar la confianza. ¿Había hecho que esta joven se sintiera aún peor consigo misma?

Veinte minutos después, oímos pasos. Taylor entró en la sala de estar, nerviosa pero decidida, y respiró hondo. Kristen cogió la mano de su marido mientras Taylor se lanzaba a una hermosa aria. Respiré agitadamente. Ésta era la misma joven que apenas podía mirarme a los ojos horas antes, cuya ansiedad había impedido que su estrella brillara. Sus largos y gráciles brazos ya no estaban cruzados, protegiéndola del mundo; ahora los abría con orgullo mientras cantaba cada nota. Taylor era la dueña de esa habitación, y Scott, Kristen, Jill y yo estábamos llorando.

—Mr. Spaulding, ¿ahora puedo ir a Suiza con usted? –preguntó Taylor en voz baja cuando terminó.

Al día siguiente, Scott se acercó a mí. Apenas podía contener su alegría: Taylor no había dejado de cantar desde la noche anterior. Era como ver una mariposa emerger por fin de su capullo. Taylor ha prosperado y ha seguido su propio camino desde que viajó a Suiza con nuestra Global Youth Leadership Academy. No soy un mentor para ella como sí lo es Jerry Middel para mí. Mi papel era el de ser un ángel inversor por única vez y me siento honrado de saber que ha pagado dividendos.

Todos los días puedes encontrar maneras sencillas de actuar como un ángel inversor. A veces, el mejor lugar para comenzar es en el lugar de trabajo. Hace aproximadamente un año hablé con el personal del Players Club & Spa, un hermoso refugio tropical en Naples (Florida). Durante mi seminario de liderazgo, recorrí la sala pidiéndoles a todos que me dijeran su nombre y su historia. Finalmente le tocó hablar a una cocinera de línea llamada Andrean, aunque todos la llaman Mama. Me di cuenta al instante de que Mama era el alma de la fiesta: amable, ferozmente leal y llena de energía. También es una madre soltera de Jamaica con dos niños gemelos, Tyrone y Tyrese.

—Quiero contaros una historia sobre la mujer que cambió mi vida –dijo antes de señalar a la directora general del club, Denise Murphy.

Mama explicó que un día su hijo Tyrone irrumpió en la sala de estar llorando. Alguien había robado su bicicleta del portabicicletas. Cuando Mama fue a trabajar al día siguiente, Denise se dio cuenta de que algo iba mal. Mama no estaba tan contenta como de costumbre. Esto es lo que hizo Denise: preguntó y, cuando se enteró de que le habían robado la bicicleta a su hijo, decidió actuar. A la mañana siguiente –en su día libre–, Denise condujo hasta Walmart para hacer una compra especial.

—Denise me envió un mensaje de texto para que saliera de mi casa –explicó Mama, conteniendo las lágrimas–. Y cuando salí, Tyrone gritó de alegría. ¡Tenía una bicicleta nueva!

Me encanta visitar lugares de trabajo como el Players Club & Spa. Se perciben más como grandes familias que como empresas con ánimo de lucro. En esa misma visita, escuché varias historias sobre cómo la comunidad se había unido para ayudar a los empleados que perdieron sus hogares en huracanes o perdieron a un ser querido por cáncer o por COVID-19. Hay una razón por la que Denise lleva allí trabajando más de dos décadas. Hay una razón por la que Mama lleva allí trabajando siete años cuando la media de permanencia de un cocinero de línea es de tan sólo seis meses. Se debe a que la gente común encuentra pequeñas formas de animarse los unos a los otros.

Incluso el ángel inversor más pequeño puede pagar dividendos de por vida. Sólo tienes que preguntárselo a mi hijastro, Anthony, quien recibió un inestimable regalo cuando se graduó en la escuela de secundaria hace unos años.

Yo estaba tremendamente orgulloso de Anthony. Se graduó *cum laude* y fue capitán suplente de su equipo universitario de hockey. (Yo, por el contrario, me gradué como capitán suplente de la escuela de verano). Cuando la mayoría de los niños se gradúan en la escuela de secundaria, pueden conseguir un reloj, un iPhone, un coche de segunda mano, unos auriculares con reducción de ruido o simplemente dinero en efectivo. No hay nada malo en hacer regalos de este estilo, pero Jill y yo decidimos hacerle a Anthony uno que tenía un significado más profundo.

Lo planeamos el verano anterior, cuando envié una carta a ocho mentores que habían cambiado mi vida gracias a su influencia: Jimmy, Walt, Frank, Byron, Tim, Doug, Jerry y Scottie. «Me sentiría honrado si vosotros ocho fuerais el regalo de graduación de la escuela de secundaria de Anthony. ¿Podríais cada uno de vosotros reservaros un mes del próximo curso escolar e invertirlo en Anthony?», les escribí.

Los ocho estuvieron de acuerdo. Algunos de ellos apenas conocían a Anthony, pero eso no les impidió profundizar e invertir en él, ya fuera hablando con él por teléfono, escribiéndole cartas, enviándole libros inspiradores o incluso volando desde el otro lado del país para comer juntos o ir a ver un partido de béisbol. No tengo ni idea de qué hablaron, ya que sus conversaciones eran estrictamente privadas. Cada mes, Anthony tuvo el privilegio de ser asesorado por una de las personas más influyentes que conozco, ninguna de las cuales esperaba nada a cambio.

Cuando llegó el día de la graduación de Anthony, todos estos hombres viajaron a Denver para reunirse en una cena muy especial. Anthony estuvo sentado toda la noche presidiendo la mesa mientras sus ángeles inversores se fueron poniendo de pie, uno por uno, para compartir sus pensamientos finales sobre la edad adulta. Sobre convertirse en un hombre. Sobre vivir una vida de influencia. Estos hombres provenían de entornos muy diferentes, pero eso no les impidió reír, llorar y compartir el pan juntos como una familia, unidos por su deseo de ayudar a un joven a vivir la mejor vida posible. Anthony permaneció en silencio durante la mayor parte de la cena, escuchando atentamente mientras todos esos hombres vertían sus corazones y sus almas sobre él. Finalmente, cuando todos hubieron hablado, Anthony se levantó, miró a los ojos a cada uno de sus mentores y explicó exactamente lo que había aprendido de ellos y cómo había cambiado su vida. Cuando dejó de hablar, no había ni un ojo sin lágrimas en la sala.

Después de esa cena, estos mentores regresaron a sus hogares junto a sus familias. Es posible que algunos de ellos nunca vuelvan a ver a Anthony. Pero, aunque el tiempo que pasaron junto a él fue corto, invirtieron en este joven todo lo que tenían por ofrecer, y ese legado resistirá la prueba del tiempo. Los relojes y los auriculares se estropean. Los coches terminan en una chatarrería. Los móviles se vuelven obsoletos al cabo de uno o dos años. El arte de influenciar, en cambio, es para siempre.

¿En quién has invertido últimamente? Ser un ángel inversor no requiere un compromiso descomunal de tiempo. Simplemente implica decirte a ti mismo: «Voy a ayudar a otra persona, aunque sólo sea por unos minutos, y no voy a esperar nada a cambio».

PARTE IV

La tercera «I» de la influencia: Intención

Arma de doble filo

Siempre temo volar a Tucson (Arizona). No tengo nada en contra de la ciudad en sí; es un lugar hermoso lleno de gente hermosa. Es bajar del avión lo que me produce ansiedad.

Esto es porque junto a las puertas de embarque de la Southwest Airlines en el Aeropuerto Internacional de Tucson se encuentra el lavabo de hombres. En comparación con los otros lavabos del aeropuerto, en realidad es bastante agradable. Tiene mosaicos azules en las paredes y cabinas limpias. Sin embargo, durante casi cuatro años de mi vida, volaba a Tucson con un nudo en la boca del estómago. Cuando el avión descendía y sentía que el tren de aterrizaje se abría, ese nudo se convertía en una bola de pavor, que me quemaba por dentro como un ácido. Cuando el avión aterrizaba, me encontraba en medio de un ataque de pánico en toda regla. Cuando llegábamos a la puerta, saltaba de mi asiento junto al pasillo, cogía mi bolsa y salía corriendo del avión a ese lavabo que conocía tan bien. Entonces abría una de esas cabinas limpias y lo vomitaba todo.

Ya no tengo ataques de pánico en el avión, pero todavía tengo oleadas de estrés postraumático en ese aeropuerto. Todo esto se debe a la influencia de un hombre sobre mí. Este hombre me enseñó cómo ser un líder y, lo que es igual de importante, cómo no ser un líder. Él representa el increíble poder de la influencia, cómo puede hacerte crecer y cómo puede derrumbarte. Esto es lo que pasa con la influencia: a veces es un arma de doble filo. No siempre todo es blanco o negro, sino que a veces es un tono de gris en algún punto intermedio. En mi caso, el mismo hombre que hizo tanto bien en el mundo fue corrosivo con las personas que lo ayudaron a alcanzar su visión. Es probable que conozcas a alguien así en tu vida, una persona que ha hecho tantas cosas buenas y malas que no puedes entender cómo la ecuación se acaba equilibrando.

Durante mi último año de secundaria, mis amigos fueron aceptados en universidades excelentes como Michigan, Cornell o Harvard. Se habían graduado con *summa cum laude* y *magna cum laude*. Yo, por mi parte, con mi GPA de 2,0, tuve la suerte de aferrarme a un gracias a Dios todopoderoso *cum laude*. En 1987, al final de mi último año, pasó algo que cambió por completo la trayectoria de mi vida. Una organización musical y de liderazgo juvenil mundial llamada Up with People vino a actuar a mi escuela de secundaria. Se hicieron mundialmente famosos después de haber cantado y bailado en cuatro shows durante el descanso de la Super Bowl. No se parecía a nada que hubiera visto antes. En el escenario había más de cien jóvenes de todos los colores, religiones, credos y nacionalidades. Israelíes y palestinos, indios y paquistaníes, capitalistas y comunistas, cristianos, judíos, musulmanes, hindúes y budistas… Todos estaban cantando rock and roll, sonriendo, riendo y bailando juntos. Por mi parte, yo era un niño católico ítalo-irlandés del norte del estado de Nueva York que sólo había salido del estado unas pocas veces. Viendo Up with People fue la primera vez que me di cuenta de que había todo un mundo esperándome. Y aquí estaba en el auditorio de mi escuela de secundaria.

Cuando terminó el espectáculo, subí al escenario para conocer la historia de la organización, fundada por J. Blanton Belk en la década de 1960. Belk había visto la capacidad de los jóvenes para cruzar fronteras, ver más allá de la raza y construir puentes de entendimiento entre las personas. Nacida después de una conferencia juvenil de verano celebrada en 1965, Up with People se convirtió en un fenómeno mundial que reunía a personas de mentalidades, culturas, etnias y creencias muy diferentes a través del poder de la música.

—¿Te gustaría rellenar una solicitud? –me preguntó uno de los miembros del personal.

—Por supuesto –respondí.

Nunca había tenido más ganas de formar parte de algo en mi vida. Seis semanas después recibí una carta por correo. De miles de solicitudes, yo era uno de los quinientos niños de todo el mundo que habían sido aceptados para unirse al grupo. A la gente no le importaba que fuera pésimo en matemáticas o que tuviera problemas para leer. Me querían por mi carácter, no por mis notas en el SAT.[1] El día que recibí esa carta de aceptación fue el más feliz de mi vida. Lo tenía enmarcado, y lo aprecio aún hoy en día.

A los diecisiete años, me subí a un avión por primera vez y volé a la sede mundial de Up with People en Tucson para reunirme con estudiantes de todo el mundo. Pasamos seis semanas aprendiendo todo sobre la organización: la música, la coreografía, cómo convertirse en un embajador de buena voluntad… Y luego salimos a cambiar el mundo. Vivir con cien familias anfitrionas en cien ciudades a lo largo de un año. Helsinki, Bruselas, Estocolmo, Ámsterdam, Hamburgo, Luxemburgo: cada día traía infinitamente más diversidad de la que había conocido durante los primeros diecisiete años de mi vida. Nuevos idiomas misteriosos, gente fascinante, costumbres desconocidas, nuevas culturas. Ese año hice grandes amigos de docenas de países, a muchos de los cuales sigo viendo hoy en día.

Cuando regresamos a Tucson, mi grupo –Cast D– tuvo el privilegio de conocer a Blanton, o Mr. Belk, como todo el mundo lo llamaba. Nos amontonamos en una sofocante sala de conferencias en la Universidad de Arizona para conocer al hombre que había tocado tan profundamente nuestras vidas. A pesar del calor del desierto, Mr. Belk vestía una impecable chaqueta azul marino sin una gota de sudor. Su cabello ondulado estaba perfectamente peinado hacia atrás y cuando sonreía, parecía el gemelo de John F. Kennedy. La sala, abarrotada de adolescentes y veinteañeros parlanchines, se quedó en silencio cuando se puso de pie. Entonces, Blanton se lanzó a un discurso elocuente que nos desafiaba a llevar la paz a todos los rincones del mundo. Unir a las personas a través del poder del canto y la danza. Amar y servir a nuestras familias anfitrionas y construir relaciones con personas de todos los colores y

---

1. El SAT (de Scholastic Assessment Test, prueba de evaluación académica) es un examen estandarizado con varias pruebas (lectura, matemáticas y escritura) que realizan los estudiantes de segundo, tercer o cuarto de bachillerato en Estados Unidos para prever su desempeño en la universidad. *(N. del T.)*

credos. Estábamos anonadados. Hasta el día de hoy, todos mis discursos se inspiran en el que pronunció ese caluroso día en Tucson.

Cuando terminó, aullamos y gritamos durante lo que pareció una eternidad. Finalmente nos hizo señas para que calláramos. Entonces nos interpeló:

—¿Alguien tiene alguna pregunta?

Antes de darme cuenta, había levantado mi mano.

—Mr. Belk –dije torpemente–, ¿puedo estrechar su mano?

Con una amplia sonrisa, Blanton se acercó a mi asiento, me miró fijamente a los ojos y me estrechó la mano. Nunca olvidaré ese momento.

—Mr. Belk, ¿ha pensado alguna vez en presentarse para presidente de Estados Unidos? –le pregunté–. El país necesita más que nunca a alguien como usted.

El público estalló en aplausos. Blanton se sonrojó y me agradeció el cumplido.

—No perdamos el contacto –susurró.

Intercambiamos cartas durante mi etapa universitaria. Me contaba cosas sobre el último país al que había volado, los reyes y las reinas con los que había cenado. Los primeros ministros, presidentes y líderes generacionales que había visitado. Me inspiró a enfrentarme al racismo arraigado que persistía en mi universidad. Incluso en la década de 1990 había fraternidades de blancos y fraternidades de negros. Cuando me convertí en presidente de mi sección, me hice amigo cercano de mi contraparte en la fraternidad negra y comenzamos a organizar eventos sociales juntos por primera vez en la historia de la universidad. Incluso me eligieron como presidente de la clase de último año, algo que nunca hubiera soñado hacer sin Blanton a mi lado para apoyarme en cada paso que daba.

Mientras empezaba a despuntar en mi carrera profesional como vendedor en IBM, Up with People comenzó un largo declive. A mediados de la década de 2000, estaba en la UCI. Atrás quedaron los shows durante el descanso de la Super Bowl; la NFL quería los nombres más importantes de la música pop, no niños tocando Chubby Checker, la Motown o los Beach Boys. Pero nunca dejé de pensar en la organización que había cambiado mi vida. Un día, Blanton, ahora un anciano, me llamó por teléfono.

—Tommy —me dijo—, es hora de devolver la música al mundo. Voy a relanzar Up with People y quiero que seas tú quien lo dirija.

Me quedé sin palabras. Quería y veneraba a este hombre, y en aquel momento me eligió personalmente, a la tierna edad de treinta y cinco años, para dirigir la organización que él había fundado y dirigido durante casi cuarenta años. No pude decir que no. Cuando más adelante ese mismo año Blanton me presentó como el nuevo director ejecutivo y presidente ante miles de exalumnos en Tucson, invocó ese viejo carisma que había estado emulando toda mi vida.

—Recientemente he nombrado a Tommy director general —dijo—, pero en verdad decidí que sería director general hace casi veinte años, cuando tenía diecisiete y me pidió que le diera la mano. Lo miré a los ojos y supe que algún día dirigiría Up with People. Y aquí estamos.

Cuando Blanton me hizo señas para que subiera al escenario, lo abracé y le di las gracias por todo lo que había hecho. El hombre más grande que jamás había conocido me estaba pasando la relevo y yo no cabía en mí. Me acerqué al podio y pronuncié el discurso más importante de mi vida. Hablé desde el corazón. Dije que Up with People lo era todo para mí y que teníamos que hacer todo lo posible para salvarlo. Me emocioné al recordar cómo la influencia de la organización había convertido un adolescente inseguro con un GPA de 2,0 en el hombre que era hoy. Busqué a Jill con la mirada, que estaba en la otra punta de la sala amamantando a nuestra pequeña hija, Caroline. Me disculpé por los errores que había cometido la organización y que habían llevado a su declive y a su pésima situación financiera. Prometí hacer lo correcto por nuestros donantes.

He impartido miles de conferencias a lo largo de mi carrera, pero ésta sigue siendo la mejor. Lo di todo en ese escenario. Cuando terminé, las lágrimas corrían por mis mejillas y la multitud estalló en aplausos. Estaba preparado para ponerme a trabajar y cambiar el mundo.

Cuando llegué al *backstage*, Blanton se paró delante de mí. Prácticamente podía ver cómo le salía humo de sus orejas.

—No quiero que nunca vuelvas a disculparte por nada que yo o mi organización hayamos hecho —dijo lentamente, con cada palabra cargada de burla—. Es de débiles admitir tus errores.

Miré al hombre que había amado toda mi vida adulta. En su rostro había una expresión que no había visto antes.

—Sí, señor —balbuceé—. Me sentí como si volviera a tener diecisiete años y que mi padre me estaba regañando por llegar demasiado tarde a casa.

Como con cualquier relación verbalmente abusiva, no fue del todo mal. Visitamos más de cien ciudades de todo el mundo, localizando a exalumnos en los confines del planeta para recaudar dinero y compartir nuestra visión para el siglo XXI. En todos los lugares vi que la gente miraba a Blanton de la forma en que yo solía mirarlo. Vi destellos del hombre que amaba, el hombre que había cambiado el mundo con unidad y música. Pero cuando nadie lo estaba mirando, vi un lado diferente de él. Constantemente me estaba preparando para el comentario hiriente, el temperamento explosivo. Desarrollé una úlcera terrible. Vomitaba en el lavabo del aeropuerto cada vez que iba a Tucson, sabiendo que Blanton estaba a punto de destriparme por algún supuesto delito. Sobre todo, estaba desconsolado porque el hombre que había sido una influencia tan positiva en mi vida, que creía con todo mi corazón que quería que triunfara, estaba utilizando su poder para controlarme. Para mantenerme en mi lugar.

Después de tres años como director ejecutivo, renuncié a mi cargo. Utilicé las habilidades que aprendí en Up with People para comenzar mi propia organización sin ánimo de lucro sobre liderazgo, y el resto ya es historia. Seis años después, estaba en Tucson dando una conferencia. Por impulso, decidí visitar la casa de Blanton. Cuando abrió la puerta, apenas lo reconocí. Tenía más de noventa años y estaba muy débil. Pero luego vi sus ojos, los mismos ojos que habían visto algo en mí ese caluroso día de 1987. Sonrió y me dejó entrar, nos sentamos en su sala de estar y compartimos un bourbon. Recordamos viejos tiempos. Nos reímos y lloramos. Finalmente lo miré a los ojos y le di las gracias por cambiar el mundo. Le di las gracias por cambiar mi vida. Le di las gracias por ayudarme a convertirme en el hombre que soy hoy. Luego nos dimos la mano por última vez y me fui. Nunca miré atrás.

En retrospectiva, mis sentimientos sobre Blanton son complicados. Claramente fue una de las figuras más influyentes en mi vida. Pero la influencia puede ser un arma de doble filo. Creía en la visión de su organización, pero no en las personas que trabajaban para hacer realidad esa visión. Me enseñó a ver lo mejor de las personas, y también me enseñó a ver lo peor. Pero al final me enseñó sobre la naturaleza misma de la propia influencia. Puedes hacer todo lo correcto, conocer a las personas adecuadas, iniciar las mejores organizaciones, recaudar millones de dólares…, pero si tu visión nunca va más allá de tu propia periferia, no tienes nada. Tu influencia termina no con un estallido sino con un gemido.

Y es por eso por lo que la tercera «i» de influencia es la intención. Sin una intención positiva, es imposible invertir verdaderamente en la vida de los demás. La intención va de preguntar por qué. ¿Por qué eliges liderar a otros? ¿Es por reconocimiento? ¿Por los elogios? ¿Por la aprobación? ¿Por dinero? ¿O es porque realmente quieres servir a los demás y verlos triunfar? Dicho de otra manera, mientras que las dos primeras «íes» de la influencia van de ganar tu influencia, la intención va de mantener a largo plazo esa influencia.

En este capítulo, te desafío a que pienses en el concepto de «legado». Mucha gente piensa en su legado en términos de logros. Has ganado tanto dinero, has obtenido este título, has fundado tantas empresas, etc. Pero las verdaderas personas influyentes tienen una forma diferente de pensar en el legado. Lo ven en términos de cuántas personas han convertido en líderes… y cuántas los han superado.

Todo el mundo conoce a Vince Lombardi, uno de los mejores entrenadores en jefe en la historia de la NFL. Entrenó a los Green Bay Packers en la década de 1960, llevando al equipo a cinco campeonatos de la NFL y dos Super Bowls. Su nombre es tan sinónimo de ganar que el trofeo de la Super Bowl lleva su nombre. Excepto que aquí hay algo que probablemente no sepas sobre el entrenador Lombardi: nunca preparó a un sucesor. Cuando murió repentinamente en 1970, no había ningún entrenador de los Packers preparado para intervenir y tomar las riendas. Como consecuencia de ello, los Packers pasaron años sumidos en la mediocridad. De hecho, ni un solo discípulo del «Pope» –como todos llamaban a Lombardi– llegó a ganar un campeonato. ¡Ni uno!

Ahora bien, es posible que también hayas oído hablar de Bill Walsh, el que fuera entrenador de los San Francisco 49ers durante mucho tiempo. Ganó 102 partidos, incluidas tres Super Bowls, pero eso no es nada comparado con las 347 victorias de Don Shula o las seis victorias de Bill Belichick en la Super Bowl (y sumando). Walsh ocupa el puesto 45 de todos los tiempos en victorias, pero muchos lo consideran el mejor entrenador de la historia, incluso mejor que el mismísimo «Pope». Eso es gracias al legado de Walsh. Si observas su «árbol de entrenadores» –todos los entrenadores en jefe pasados y actuales que se remontan a él–, Walsh no tiene igual. A diferencia de Lombardi, Walsh derramó sus energías en sus asistentes para que algún día pudieran entrenar a sus propios equipos ganadores. Como escribió en su autobiografía: «La capacidad de ayudar a las personas que me rodean a autorrealizar sus objetivos subraya el aspecto único de mis capacidades y la etiqueta que más valoro: maestro». Hasta ahora, el legado de Walsh incluye docenas de entrenadores jefe, muchos de los cuales han ganado campeonatos por su cuenta. Casi la mitad de los equipos que han disputado la Super Bowl desde 1981 han sido entrenados por Walsh o por un miembro de su árbol. Walsh puede estar clasificado en el puesto cuarenta y cinco en cuanto a número de victorias, pero es el número uno donde más importa.

Mi amigo Joe Krenn es un tipo que todos los días pone en práctica la filosofía de Walsh. Es uno de los general mánager más exitosos del país. Excepto que no es un general mánager de fútbol: Joe dirige un club de campo, que en muchos sentidos requiere más habilidades interpersonales y de gestión que una franquicia de la NFL. Bajo su dirección, el Farmington Country Club, en Charlottesville, se ha convertido en una de las instituciones financieramente más exitosas del país. Se hizo cargo del club cuando estaba en números rojos y sufriendo tal pérdida de miembros durante los peores momentos de la Gran Recesión de 2008 que sus edificios centenarios literalmente se desmoronaban. Joe cambió por completo la cultura de Farmington, atrajo nuevos socios, se embarcó en una renovación multimillonaria y recuperó la rentabilidad del club. Cinco años después de su mandato, ganó el premio Club Managers Association of America al mejor general mánager del país.

Pero éstos no son los números que le importan a Joe. Más bien, es el número de exempleados suyos que se han convertido en líderes en la industria de los clubes de campo. Para Joe, ese número es sagrado. Es su árbol de influencia. Conocí a muchos de los hombres y mujeres que fueron contratados por Joe como becarios universitarios. Durante años se dedicó a ellos, invirtió en sus carreras y observó cómo se convertían en general mánager, directores y gerentes de la casa club, tanto en Farmington como en los clubes de la competencia. En última instancia, Joe ve su lugar de trabajo no como un club de campo sino como una organización de desarrollo de liderazgo.

Como veremos en esta sección, las personas más influyentes piensan como Bill Walsh y Joe Krenn. Siguen las palabras de Eleanor Roosevelt, quien una vez dijo: «Un buen líder inspira a las personas a tener confianza en el líder; un gran líder inspira a las personas a tener confianza en ellas mismas». Estos líderes plantan semillas y cultivan árboles de influencia en crecimiento. Ellos mismos pueden llegar a conseguir grandes logros, pero miden su éxito por lo bien que desarrollan a los futuros líderes. Y su legado nunca deja de crecer.

Las personas influyentes comen las últimas

Un sofocante día de junio de 2014, a pocos kilómetros de Lowell (Massachusetts), seis gerentes de alto nivel de la popular cadena de supermercados Market Basket renunciaron como un acto de protesta. No fue una decisión fácil. Para algunos de ellos, Market Basket era el único empleador para el que habían trabajado. Pero éste fue sólo el primer paso de una odisea de una semana que sacudiría hasta la médula una empresa de muchos miles de millones de dólares. Días después, trescientos empleados se manifestaron frente a la sede de la empresa. En cuestión de semanas, las protestas habían aumentado a cinco mil clientes y empleados, todos unidos en apoyo a un hombre que había sacrificado tanto por ellos.

Market Basket es uno de los supermercados más populares de Nueva Inglaterra, con más de ochenta tiendas y veinticinco mil empleados. Fundada como DeMoulas Market en 1917 por los inmigrantes griegos Athanasios y Efrosini Demoulas, la tienda creció rápidamente hasta convertirse en una cadena de supermercados muy baratos con un público muy fiel. Market Basket no era el tipo de lugar al que ibas a comprar *filet mignon* o *kombucha* por 30 dólares, sino que atraía a gente común que necesitaba alimentos básicos baratos para alimentar a sus familias. En la década de 2000, la empresa estaba controlada por dos primos llamados Arthur –Arthur S. Demoulas y Arthur T. Demoulas–, que representaban a las dos mitades enfrentadas de la familia.

La disputa se redujo al director ejecutivo de Market Basket, Arthur T. Demoulas, cariñosamente llamado Artie T. por sus empleados, y sus prácticas amigables con los trabajadores. Según la leyenda, Artie T. podía recordar los nombres de todos sus empleados, las fechas de sus cumpleaños y los nombres de sus parejas. Cuando la hija del gerente de una tienda resultó gravemente herida en un accidente de tráfico, Artie lo llamó y le preguntó si el hospital estaba haciendo lo suficiente. «¿Tenemos que trasladarla?», le preguntó. Empleó el «nosotros», lo que significa que se consideraba familia. Asistió a bodas y funerales de empleados y, a pesar de los precios bajísimos, Market Basket pagaba algunos de los salarios más generosos de la industria. Artie instituyó un sistema de participación en las ganancias del 15 %, lo que permitió a los empleados de a pie compartir el éxito de la empresa, un programa de becas y muchas otras políticas de prioridad para los empleados que le permitió ganarse seguidores de culto. Cuando el plan de participación en las ganancias sufrió una pérdida de 46 millones de dólares durante la crisis financiera de 2008, Artie lo repuso con fondos de la empresa. No hace falta decir que estos sacrificios financieros tuvieron lugar a expensas del valor para los accionistas. Según un informe, Artie T. había desviado 300 millones de dólares de las ganancias de Market Basket a sus empleados, lo que irritó a su primo, Arthur S., que quería que fluyera más efectivo a los de arriba.

Cuando Artie T. intentó destinar el 20 % de las ganancias de la empresa a bonos para los trabajadores, Arthur S. y la junta directiva de Market Basket se pusieron en acción. En junio de 2014, despidieron a Artie T. y redujeron drásticamente el programa de participación en las ganancias de los empleados. Cuando el nuevo director ejecutivo planeó importantes reducciones de costes, los seis gerentes de alto nivel renunciaron, lo que incitó a una ola de manifestantes que creían que la junta estaba recompensando a los accionistas en lugar de a los trabajadores. La dirección amenazó con despedir a cualquier trabajador que se uniera a la protesta, pero los manifestantes llegaron a ser más de diez mil. Empleados y compradores por igual formaron piquetes en la sede de Market Basket con pancartas en las que se podía leer «SAVE ARTIE T!». Los transportistas dejaron de hacer entregas. La historia se convirtió en una sensación en los medios de comunicación cuando explotó el apoyo público a los trabajadores. Los clientes comenzaron a comprar en otros lugares y, a las pocas semanas del despido de Artie T., las ventas de Market Basket se habían desplomado un sorprendente 70 %. En un momento dado, la compañía llegó a perder 10 millones de dólares al día. Finalmente, el gobernador de Massachusetts, Deval Patrick, y la gobernadora de New Hampshire, Maggie Hassan, ayudaron a negociar un acuerdo en el que Arthur S., desmoralizado, acordó vender su participación en Market Basket a su primo Artie T. por 1500 millones de dólares. Los manifestantes declararon la victoria.

¿Qué tenía Artie T. que inspiró una lealtad tan feroz entre sus clientes y empleados? Era un buen jefe, obviamente, pero la mayoría de los jefes no tienen un ejército literal de apoyo. Lo que diferencia a Artie T. es una característica simple: pone las necesidades de sus seguidores en primer lugar, pase lo que pase, ¡y punto! Conocí este tipo de devoción cruda e inquebrantable hace mucho tiempo en mi tía Loralee, sobre quien ya he escrito antes en este libro, y la veo encarnada en las personas más influyentes una y otra vez.

En mi primer año fuera de la universidad, se me asignó la tarea de dirigir un programa educativo para Up with People. Mi trabajo consistía en llevar un grupo de estudiantes internacionales a Europa del Este. Fue un viaje que nos cambió la vida. Nos detuvimos debajo de la puerta de hierro del campo de concentración de Auschwitz y entendimos por primera vez el verdadero significado del mal. Comimos *pierogi*[1] en la plaza Mayor de Cracovia, uno de los espacios públicos más hermosos y subestimados del mundo. Hacia el final del viaje, nos quedamos con una familia local en Bratislava, en lo que entonces era aún Checoslovaquia. Nuestros anfitriones se sintieron claramente honrados de recibirnos. No tenían mucho, pero sacaron su mejor porcelana para servirnos un delicioso escalope de cerdo y patatas. La cena fue muy familiar e inmediatamente me serví dos escalopes y pasé el plato. A la mañana siguiente, un estudiante de dieciocho años me apartó del grupo y me dio una de las mejores lecciones de liderazgo que jamás haya recibido.

—Tommy —me dijo—, es muy probable que no contaras, pero había dieciocho trozos de cerdo en el plato y había dieciocho personas en la

---

1. Plato típico de la cocina polaca y ucraniana que consiste en pasta con forma semicircular rellena de queso, patata, cebolla y diferentes tipos de verduras. *(N. del T.)*

mesa. Te serviste primero y tomaste dos trozos. ¿Y te consideras nuestro líder? Los líderes siempre comen los últimos.

Una y otra vez a lo largo de los años he visto que ese consejo ha demostrado ser cierto. Los líderes que comen los últimos son fáciles de detectar porque sus seguidores no pueden dejar de hablar de ellos. Mike Casey, por ejemplo, come el último. Es el director ejecutivo de Carter's, una empresa de ropa para niños que se fundó el mismo año en que terminó la Guerra de Secesión.[2] Sus diferentes marcas, entre las que se incluye OshKosh B'gosh, representan más del 10 % del mercado de ropa para niños pequeños. Mike ha estado al mando desde 2008, período durante el cual duplicó con creces el tamaño de la empresa. Pero ésa no es la métrica de la que está más orgulloso. A diferencia de la mayoría de las empresas que despiden a los empleados de forma rutinaria para mantener bajos los costes y contentar a Wall Street, bajo el liderazgo de Mike, Carter's se centra en reconocer y recompensar su fuerza laboral de casi veinte mil empleados, incluso durante tiempos difíciles.

Ésta es una historia que me contó su jefa de recursos humanos, mi amiga Jill Wilson: en una ocasión, Mike estaba visitando un centro de distribución cuando se le acercó un conserje llamado Richard, quien le explicó con orgullo las medidas que había tomado para reducir los costes de limpieza. Richard sugirió que los ahorros podrían destinarse al programa 401(k)[3] de Carter's. La mayoría de los directores ejecutivos utilizarían el dinero extra para la recompra de acciones y los dividendos de los accionistas, pero Mike no es uno de ésos. Cuando regresó a su oficina, le escribió a Richard una nota a mano dándole las gracias por su arduo trabajo y prometiéndole que las necesidades de los empleados serían lo primero.

Ese año, y durante ocho de los doce años que Mike se desempeñó como director ejecutivo, Carter's compensó el 100 % de las contribuciones 401(k) de sus empleados, mientras que la mayoría de las empresas limitan sus compensaciones a un porcentaje mucho más bajo.

---

2. Conflicto bélico que enfrentó entre 1861 y 1865 a los estados del norte y los del sur de Estados Unidos. *(N. del T.)*

3. Plan de jubilación patrocinado por el empleador a través del cual los empleados pueden invertir parte de los ingresos antes de que se deduzcan los impuestos. *(N. del T.)*

En 2021, Carter's dio un bono especial de tres semanas de salario y un 125 % de las contribuciones 401(k) para reconocer y dar las gracias a sus trabajadores por soportar los desafíos de la pandemia mundial y mantener el equilibrio de sus compromisos con sus familias y con Carter's. No es casualidad que Carter's tenga una de las tasas de retención de empleados más altas de la industria.

No son sólo los directores ejecutivos y otros líderes empresariales los últimos en comer. Mi tía Loralee nunca trabajó para una empresa Fortune 500 ni tuvo que tomar decisiones que afectaran al trabajo de miles de personas. Pero cuando el ejército rebelde se aproximaba a su misión en Zwedru (Liberia), mi tía se negó a abandonarla hasta que se evacuara a todos los hombres, mujeres y niños. Su vida ha influido no sólo en los refugiados que salvó en Liberia, sino también en personas como yo que vieron sus sacrificios y se comprometieron a ser más como ella.

Y más importante aún, mi tía me enseñó que cualquiera que quiera influir positivamente en la vida de los demás nunca debe dejar de sacrificarse. Puede significar sacrificar algo de dinero para darlo a una buena causa. Puede significar sacrificar su tiempo para ayudar a un amigo que lo necesita. Pero la mayoría de las veces simplemente significa sacrificar tu ego al servicio de los demás.

He aquí un ejemplo. Hace unos años, Jill y yo llevamos a nuestros hijos a Singer Island (Florida) para pasar las vacaciones de primavera. Entablé una conversación junto a la piscina con un tipo llamado Ed Shaw, quien me explicó que había trabajado veinticinco años como perito tasador de seguros para la misma compañía. Un día, nada menos que el día de su cumpleaños, lo llamaron a la oficina de su gerente y le dijeron que lo iban a despedir por culpa de recortes de personal. «No hace falta que vengas a trabajar lo que queda semana, pero te pagaremos hasta el viernes», le dijo su jefe. Eso es todo lo que obtuvo Ed después de veinticinco años de servicio entregado.

Después de que te traten así, la mayoría de la gente estaría enfadada. Ciertamente, los compañeros de trabajo de Ed que también fueron despedidos lo estaban; se fueron ese día y nunca más volvieron. Con mi temperamento italiano, probablemente yo hubiera hecho lo mismo.

Pero esto no es lo que hizo Ed. Tenía docenas de clientes que tenía que transferir minuciosamente. Puede que la empresa no le fuera leal, pero Ed sí lo era con sus clientes. Durante el resto de la semana, Ed se sentó en su escritorio y planeó metódicamente su salida. Llamó personalmente a cada uno de los clientes y les explicó el honor que había supuesto servirles. A las siete en punto de la tarde del viernes recogió las cosas de su escritorio y se fue por última vez. El lunes siguiente, Ed solicitó el subsidio de paro y comenzó a buscar un nuevo trabajo. Unos días después, recibió una llamada del principal competidor de su antiguo empleador. Resultaba que un gran cliente de Ed había abandonado el barco y le contó a su nueva empresa cómo Ed se había mantenido dedicado a sus clientes hasta el último momento. «Necesitamos este tipo de lealtad por aquí. Nos encantaría tenerte a bordo», le dijo el gerente de recursos humanos a Ed.

Las personas más influyentes saben que no basta con servir a los demás, sino que tienes que decirlo en serio. Mi mentor Jerry Middel me inculcó este precepto en la cabeza. Él fue quien me empujó a retribuir a mi comunidad a medida que iba teniendo más éxito. Sólo había una trampa: «No puedes contarle esto a nadie, Tommy. Cuando das dinero, cuando ofreces tu tiempo como voluntario, tan pronto como se lo cuentas a alguien, ya no es un regalo, es una deducción fiscal». No hay nada novedoso en esta idea, por supuesto. En el siglo XII, Maimónides, el preeminente erudito judío de la Edad Media, describió sus ocho niveles de *tzedaká* o caridad. El segundo principio más importante, después de prestar siempre dinero a los amigos necesitados, era la donación anónima: «Da *tzedaká* de forma anónima a un destinatario desconocido a través de una persona o un fondo público que sea digno de confianza, sabio y que pueda realizar actos de *tzedaká* con tu dinero de la manera más impecable». En otras palabras, das porque es correcto, no porque quieras que te vean haciéndolo.

A veces, el efecto de los generosos actos de servicio puede desaparecer porque tu intención no es clara. Por ejemplo, una de mis mayores influencias fue mi suegro, Ernie Delgado. El penúltimo de ocho hijos, Ernie creció en la pobreza en Santa Fe (Nuevo México). Comenzó a trabajar desde muy temprana edad para ayudar a mantener a su familia. Ernie aprendió inglés, estudió mucho para sacar buenas notas, trabajó y ahorró dinero, y pudo pagarse la universidad. Cuando llegó a Greeley (Colorado), encontró trabajo como profesor a pesar de la arraigada discriminación que persistía en la zona. Pero Papa Tiger, como todos lo llamaban, superó los prejuicios para ganarse bien la vida y mantener a su familia. Nunca he conocido a un trabajador más duro en mi vida. Hasta el día de hoy, uno de los mejores cumplidos que me ha hecho Jill es que mi ética de trabajo le recordaba a la de su padre.

Como muchos hombres y mujeres hechos a sí mismos, Ernie tenía cierta inseguridad sobre sus espaldas. Al crecer como un católico devoto y con recursos limitados, se comprometió a ayudar a los desfavorecidos. Hizo trabajos de voluntario horas y horas para la iglesia y organizó eventos en beneficio de los menos afortunados. Donó a la caridad y ayudó a sus vecinos. Ernie hizo mucho bien por su comunidad y le gustaba que la gente lo supiera. Cuando cenábamos con nuevos conocidos, explicaba su última donación o su última buena acción, y observaba la expresión de las caras de las personas. No necesariamente conocían su pasado o su corazón, y probablemente asumían que era un fanfarrón. Yo sabía que Ernie venía de un lugar de amor por su comunidad y orgullo por lo que había superado. Un hombre que tenía que ganárselo todo en la vida de la manera más difícil, que sentía que tenía que ganarse su asiento en la mesa incluso en sus últimos años. Lo entendía y lo quería por eso, pero me rompía el corazón que algunos no pudieran ver al Ernie que yo conocía, que la influencia negativa generada por una pequeña fanfarronada pudiera eclipsar un alma tan hermosa. Si pudiera volver atrás, le diría a Ernie algo que Jerry me dijo: «Deja que los demás presuman de tu generosidad».

Al terminar el día, a veces el sacrificio más importante que puedes hacer es tu orgullo. Probablemente hayas oído de la gran explosión ártica de 2021, que provocó temperaturas de −20 °C al corazón de Estados Unidos y dejó a millones de tejanos sin electricidad ni calefacción durante días. Cuando descendió el frente frío, me encontraba en Nashville con mi hijo Tate, donde estaba disputando un torneo de hockey. Cuando piensas en Nashville, probablemente piensas en música *country*, *hot chicken*[4] y Johnny Cash, no en condiciones extremas de frío y ventiscas. Bueno, después de un emocionante torneo en el que el equi-

---

4. Plato típico de Nashville que consiste en pollo marinado, empanado y untado con una pasta muy picante, que se fríe en abundante aceite. *(N. del T.)*

po de Tate venció a los doce competidores, salimos a dar una vuelta en medio de una tormenta de nieve histórica que convirtió la Ciudad de la Música en un caos. Todos los vuelos fueron cancelados. Llegamos al aeropuerto al día siguiente y descubrimos que nuestro vuelo aún no había salido porque (como supimos más tarde) la máquina de deshielo de la aerolínea estaba estropeada. Cada vez que nos acercábamos a la recepción, el empleado fruncía el ceño y decía: «Embarcaremos pronto. Por favor tengan paciencia».

Después de doce horas de permanecer sentados escuchando el mismo sermón («Embarcaremos pronto. Por favor tengan paciencia»), los pasajeros comenzaron a ponerse nerviosos. «¿Por qué no nos dan ninguna información?», «¿Qué probabilidades tengo de volar esta noche?», «¿Tenemos que reservar un hotel para pasar otra noche?», «¿Puedo reclamar que me devuelvan el dinero?», pensaban. Todos los demás vuelos despegaban excepto el nuestro. La ira entre los pasajeros era contagiosa. Estábamos frustrados por no embarcar en el avión, sí, pero sobre todo estábamos enfadados porque la aerolínea no se disculpaba ni reconocía que se debía a que la máquina de deshielo estaba estropeada. No nos explicaban la situación ni intentaban darnos un horario realista de despegue. Era evidente que la aerolínea no tenía la intención de dejarnos tirados en el aeropuerto, pero su falta de transparencia eclipsaba cualquier intención positiva que pudiera haber tenido.

Finalmente, en lugar de disculparse, la aerolínea llamó a la policía. Así es: aparecieron cuatro oficiales uniformados para proteger el mostrador de un grupo de niños hambrientos de doce años y de sus padres.

Ciertamente, esta historia es un ejemplo de un servicio al cliente pésimo, pero también llega al núcleo de cómo funciona la mala influencia. Los humanos esencialmente tienen dos cerebros en uno. El primero es lo que los científicos llaman el cerebro «de lo que es». Observa, ve lo que pasa a tu alrededor y responde con emociones viscerales como entusiasmo, tristeza o ira. Cuando estás en el aeropuerto, el cerebro «de lo que es» ve retrasos y se enfada porque no llegarás a casa a tiempo. Se alegra cuando por fin puede embarcar y se siente aliviado cuando aterriza. El segundo cerebro es el cerebro «de lo que debería ser». Esta parte del cerebro es mucho más complicada, porque no sólo ve cuál es el resultado, sino también cómo debería haber sido. El cerebro «de lo que debería ser» ve retrasos en los aeropuertos y piensa, con indignación, que alguien debería arreglar el maldito avión y ser más comunicativo. Este cerebro se complace o se irrita en función de cómo reaccionan los demás ante una determinada situación. «¿No ven cómo me está afectando esto? ¿Por qué no están tan enfadados como yo?»

La influencia más profunda y duradera surge en situaciones en las que tu cerebro «de lo que es» está molesto por una situación, pero tu cerebro «de lo que debería ser» está satisfecho con las verdaderas intenciones de una persona. Dicho de otra manera, es cuando la gente toma el camino correcto. Hace unos años, una amiga mía –a la que llamaremos Sue por privacidad– me contó una historia de amor increíble que habla del corazón de la influencia. Se prometió con su novio de la universidad –al que llamaremos Mark– justo después de graduarse. El otoño siguiente se matriculó en la Harvard Business School. Tenía una extenuante carga de asignaturas y durante el semestre se hizo amiga de un compañero de clase, Dave. Pasaban largas horas juntos estudiando para los exámenes, haciendo proyectos grupales y compartiendo cenas. Pronto Sue y Dave fueron algo más que amigos; estaban teniendo una aventura emocional. Atormentada por la culpa, Sue acabó sincerándose con Mark.

La mayoría de los chicos se enfadarían e incluso gritarían palabras horribles. Tal vez romperían el compromiso o intentarían pegar al otro. En cambio, Mark le dijo algo totalmente diferente: «Realmente debe ser un tipo muy especial si sientes algo por él. Me gustaría conocerlo ¿Por qué no lo invitas a cenar?».

Literalmente me quedé sin aliento cuando me contó esto. Mark se tragó su orgullo y dejó en claro su intención más cruda y sincera: quería que Sue fuera feliz, pasara lo que pasara, aunque esto significara estar con otra persona.

Como probablemente puedas suponer, la cena resultó incómoda. De todos modos, Mark fue todo un caballero: tranquilo, educado y comprensivo. Dave, en cambio, fue todo lo contrario. Fue grosero, arrogante y engreído. Al terminar la noche, Sue se dio cuenta de que había cometido un terrible error y se volvió a enamorar del hombre humilde cuya reacción ante sus errores fue ser amable. Veinticinco años después, Sue y Mark están felizmente casados y tienen una hermosa familia.

Cuando oí esta historia, no pude evitar pensar en aquella cena de hace tantos años con mi familia anfitriona de Bratislava, cuando aprendí que a veces los líderes deben comer literalmente los últimos. Pero Mark me mostró cómo es «comer el último» en un sentido más amplio. Al fin y al cabo, Mark es un tipo que podía poner los intereses de Sue por delante de los suyos, aunque cuando su instinto le gritara que hiciera todo lo contrario. Aunque fuera injusto. Comió el último plato del orgullo y sacrificó su ego cuando más importaba. Y fue esa influencia imborrable la que creó uno de los matrimonios más sólidos que he conocido.

¿Eres un egoísta?

Cuando mi hija, Caroline, tenía trece años, se fue de campamento al norte de Vermont, cerca de la frontera con Canadá. Inmediatamente se convirtió en su lugar favorito. Le encantó tanto que lloró cuando la recogimos al final del verano. Había hecho docenas de nuevos amigos y recuerdos para toda la vida y suplicó volver al año siguiente.

Pero al verano siguiente todo eso cambió. Cuando Jill y yo la recogimos, estaba apagada. Se despidió de sus amigos y subió tranquilamente al coche. Sin lágrimas, sin súplicas desesperadas para volverse a inscribir al año siguiente. Cuando le preguntamos cómo le habían ido el campamento, Caroline no mencionó todos los nuevos amigos que había hecho ni todas las nuevas actividades que había probado.

—Ha estado bien –se limitó a decir.

—¿Quieres volver el año próximo? –le pregunté.

Caroline se encogió de hombros y miró por la ventana.

—No, no lo creo –respondió.

Pasó un poco de tiempo antes de que estuviera preparada para contarnos lo que había pasado. No tuvo ningún problema con los amigos o con las actividades del campamento. Era su supervisora –la llamaremos Amy–, que dormía con Caroline y otras diez muchachas en una de las cabañas de troncos. Caroline explicó que como no había aire acondicionado en la cabaña, hacía mucho calor por la noche. Había un ventilador en la esquina que normalmente giraba a un lado y al otro para que todo el mundo sintiera algo de alivio. Sin embargo, Amy lo ponía apuntando directamente a su cama. Aunque alguna noche se acercaban a los 30 °C, durante las cuatro semanas se negó a compartir el refrescante aire con las otras chicas de la cabaña. Aunque a Caroline le gustaban sus amigos, los deportes y las actividades, no podía dejar de pensar en cómo Amy acaparaba el ventilador para ella. Amargó toda la experiencia del campamento, y Caroline ya no repitió.

Cuando lo piensas, hay egoístas en todas partes, y la mayoría de nosotros hemos visto cómo pueden arruinar una organización por otro lado maravillosa. Fíjate en el caso de Kelsey, una joven profesional que hace años asistió a nuestra National Leadership Academy. Mujer extraordinariamente brillante, se graduó de la Universidad de Stanford y consiguió un trabajo en una empresa tecnológica muy conocida de Silicon Valley. Era el tipo de trabajo por el que la gente mataría, con un salario altísimo, beneficios increíbles, una visión corporativa positiva y compañeros de trabajo estupendos. Cuando un día nos reunimos para tomar un café, me sorprendió saber que Kelsey necesitaba mi ayuda para encontrar un nuevo trabajo. Cuando le pregunté por qué quería dejar una empresa tan grande, me dijo:

—Odio a mi jefe. Tiene un ego enorme. Se pone a sí mismo en primer lugar y siempre se apunta todos los éxitos de los demás.

Kelsey podía detectar a un líder egoísta a un millón de kilómetros de distancia y quería distanciarse de él, aunque eso significara abandonar una compañía estelar.

—La mayoría de los líderes son como tu jefe: egoístas. Es muy difícil ser un líder servicial –le dije a Kelsey.

Pregunta sorpresa: ¿Cuál es el motivo principal por el que las personas renuncian a sus trabajos, según una encuesta llevada a cabo por Gallup entre más de un millón de trabajadores estadounidenses? Malos jefes. Como dice un viejo dicho, los empleados se unen a las empresas, pero abandonan a sus jefes. Esto es así, pero quiero ir un paso más allá: la influencia negativa de una única manzana podrida suele ser fatal. Todo lo que se necesita es una única persona egoísta para arruinar la cultura de una gran organización.

Tengo la suerte de hablar con miles de líderes empresariales cada año, y siempre empiezo con la misma pregunta dirigida a mi audiencia: «¿Quién quiere ejercer una influencia negativa sobre la vida de los demás?».

Ni una sola persona ha levantado nunca la mano. Por supuesto que no, ¿qué tipo de idiota *pretende* ser un mal jefe?

«Genial. Quieres ser un buen líder. Ése es el primer paso. Tienes la oportunidad de decidir que quieres ser una influencia positiva en todos los niveles de tu organización. Por desgracia, aquí es donde terminan tus elecciones. Puedes decidir el tipo de influencia que *quieres* tener sobre los demás, pero no puedes decidir la influencia que *tienes* sobre los demás», explico entonces a mi audiencia.

Echo una mirada a la audiencia, veo cómo fruncen el ceño y se rascan confundidos la cabeza. «Puedes decidir el tipo de influencia que *quieres* ejercer sobre los demás, pero no puedes decidir la influencia que *ejerces* sobre los demás. ¿Quién lo decide?», les repito, esta vez más lentamente.

Tus seguidores deciden. Tu pareja, tus hijos, tus trabajadores, tus clientes, tus vecinos, tus amigos: éstas son las personas que responden a tu influencia y deciden en qué tipo de líder te conviertes.

Cuando llego a una organización como *coach* de liderazgo, hago una pregunta directa a cada uno de los miembros del equipo ejecutivo: «Crees que ejerces una buena influencia en tu equipo?». Casi siempre dicen que sí, y realmente lo creen así. Pero entonces pasa algo interesante. Examino sus informes directos en confianza. Hablo con los chicos de paquetería, las secretarias, los conserjes, los asistentes…, en definitiva, las personas que trabajan para estos líderes día tras día. Y sus respuestas no siempre son agradables. Con demasiada frecuencia existe un gran abismo entre cómo piensan los líderes de sí mismos y cómo piensan sus seguidores de ellos. Al igual que sucede con el jefe de Kelsey, sus acciones no se alinean con sus intenciones.

Para ilustrar este punto, les pido a los participantes de mis retiros de Heart-Led Leader que prueben un sencillo ejercicio. Les doy a cada uno de ellos dos notas adhesivas, una amarilla y otra azul. Luego, en una pizarra, hago dos columnas. A la izquierda: «Buen Líder». A la derecha: «Mal Líder».

—Quiero que penséis en el mejor jefe que hayáis tenido –les digo entonces–. Ésta es la persona que ha tenido la mayor influencia sobre vosotros, que ha sido el líder y mentor más importante, sin importar si estabais cocinando hamburguesas o dirigiendo una fusión multimillonaria. Escribid el nombre de pila de esta persona en un pósit amarillo».

La habitación se queda en silencio. Observo los rostros de estos ejecutivos y gerentes mientras revisan su lista de jefes. Y continúo:

—Ahora, en un pósit azul, quiero que escribáis el nombre del peor jefe que hayáis tenido, aquel que supuso una influencia terrible.

No necesitan mucho tiempo; después de todo, todo el mundo recuerda a *ese jefe horrible*.

—Ahora traed vuestros pósits y pegadlas en la pizarra.

Cuando todos han pegado los pósits, continúo mi discurso.

—Todos quieren estar aquí algún día –les digo, señalando los pósits amarillos–. Un líder servicial que siempre antepone las necesidades de los demás. Una influencia positiva que es querida y respetada por los suyos por sus acciones, no por su título. Éste es el objetivo –entonces señalo el mar de pósits azules en la pizarra–. Os apuesto lo que queráis a que estos jefes también querían esto.

Entonces les leo los nombres uno a uno:

—Rick, Maureen, Jason, Retta, Stu, Bruce…, nadie de esta lista quería que su nombre terminara escrito en un pósit azul. Se habían propuesto ser una buena influencia para todos vosotros. Querían ser un líder que apareciera en los pósits amarillos. Pero sus seguidores han decidido en qué pósit se convertían. Sus acciones y sus intenciones no estaban en la misma onda y se han convertido en malas influencias.

Me giro y miro a mi audiencia, muchos de los cuales serán directores ejecutivos, directores financieros y gerentes de ventas del mañana. Parecen incómodos. Son conscientes de qué pregunta viene a continuación:

—Sé de qué color de pósit queréis ser todos vosotros. Pero ¿de qué color seréis?

He aquí la raíz del problema: puedes tardar años en ganarte una buena influencia entre tus seguidores, pero sólo necesitas unos segundos para perderla. Cuando piensas en los jefes de pósits azules que has tenido, recuerdas todas las cosas malas. Recuerdas al jefe que se apuntaba todos los éxitos de los demás; el jefe que te negaba un descanso cuando estabas agotado; el jefe que sólo pensaba en él mismo. Toda esta mala influencia queda grabada en nuestra mente y olvidamos las buenas cualidades que los habrían llevado a una posición de influencia.

La verdad es que la influencia negativa permanece durante mucho tiempo, y eso se aplica a todo el mundo, no sólo a los malos jefes. Si eres un fanático del béisbol, probablemente hayas oído hablar de Bill Buckner. Con dos eliminados en la parte baja de la décima entrada del sexto partido de la Serie Mundial de 1986, Buckner, el primera base de los Red Sox, dejó que una rola[1] suave pasara por entre sus piernas, lo que permitió que un corredor anotara una carrera y culminar así una dramática remontada de los Mets. Se hizo famosa la narración del locutor de radio Vin Scully: «Una rolita viene hacia la primera… por detrás de la base y atraviesa a Buckner, y aquí viene Knight, y los Mets ganan». Los Mets ganaron la Serie Mundial y desde entonces el nombre de Buckner se ha convertido en sinónimo de inutilidad.

Pero hay una serie de datos que muy probablemente no sabías de Bill Buckner. Jugó durante veintidós años. Recibió votos para ser el Jugador Más Valioso en cinco ocasiones. Formó parte del equipo All-Star. En 1980 fue campeón de bateo con un promedio de bateo de 324 y acumuló 2715 *hits* a lo largo de su carrera, más que los héroes del Salón de la Fama Ted Williams, Mickey Mantle o Joe DiMaggio. De hecho, sólo sesenta y cinco jugadores en la historia del béisbol lograron más hits. Bill Buckner tiene mejores estadísticas que muchos miembros del Salón de la Fama, pero perdió la boleta en su primer año de elegibilidad.[2] Si no fuera por este error, muy probablemente hoy Buckner estaría entre las figuras más destacadas en Cooperstown.

Al igual que el béisbol, la influencia no es justa. Es algo voluble e irracional. Puedes pasar años y años tomando todas las decisiones correctas para ganarte la confianza y el respeto de tus seguidores, pero, sin embargo, a veces estas relaciones se reducen a lo bien que reaccionas en un único momento. ¿Estás a la altura de las circunstancias y haces lo correcto? ¿O toda esa confianza y buena voluntad se te escapan como una rola hasta que todo lo que queda es tu nombre escrito en un pósit azul?

---

1. Pelota bateada que sigue una trayectoria rastrera y no se eleva en ningún momento del suelo. *(N. del T.)*
2. Para ser elegible, el deportista debe haber jugado al menos diez temporadas en las Grandes Ligas de Béisbol y llevar al menos cinco años retirado. *(N. del T.)*

El cerebro humano está programado para aferrarse a las emociones negativas. Como explica el psicólogo y autor Rick Hanson, «el cerebro es como el velcro para las experiencias negativas, pero el teflón para las positivas». Todo se reduce a los instintos de supervivencia: cuando eres un niño y tocas una estufa caliente, ese recuerdo quema en tu cerebro por el resto de tu vida. No recuerdas todas las veces que tocaste una estufa fría. De manera similar, los estudios demuestran que las personas se esforzarán mucho más para evitar perder dinero que para ganar la misma cantidad de dinero. Lo mismo ocurre con nuestras relaciones: si eres una influencia negativa para alguien, se necesitará una enorme cantidad de trabajo para convencer al cerebro de que deje ir esa negatividad. Una famosa serie de estudios de los psicólogos John Gottman y Robert Levenson de la década de 1970 demostró que una relación cualquiera requiere cinco interacciones positivas para compensar una única interacción negativa.

Piensa en ello unos instantes. Por cada momento de mala influencia, necesitas cinco buenos para compensarlo. Es un poco más fácil ver cómo tu nombre termina en un pósit azul cuando lo piensas de esta manera.

Aprendí esto personalmente hace unos años. Mi viejo amigo Bill Petrella administra el Hotel Emma, un lujoso *resort* en San Antonio (Texas). Es uno de los hoteles más especiales en los que me he alojado. A unos pocos centenares de metros de distancia se encuentra el Culinary Institute of America, que ha capacitado a muchos de los chefs que trabajan en los tres restaurantes separados del Hotel Emma. El hotel se encuentra en una antigua fábrica de cerveza y su diseño (vigas de cemento, tuberías expuestas, extraña maquinaria antigua desperdigada) es impresionante.

Hace unos años, Bill me contrató para realizar un seminario de liderazgo con su equipo. A cambio, quiso que Jill y yo fuéramos sus invitados durante un largo fin de semana. Volamos a San Antonio y di una charla a más de cien empleados de Bill en el hotel. Expliqué la diferencia entre los buenos y los malos influyentes. Los buenos influyentes son humildes y genuinos. Son cariñosos. Son indulgentes y pacientes. Por su parte, los malos se ponen a sí mismos por delante de todos. Son irrespetuosos con los demás. Desprecian a las personas que consideran inferiores a ellos. Es una charla que doy de manera habitual y me la tomo muy en serio.

Esa misma noche, Bill lo organizó para que uno de los coches de su hotel nos llevara a un elegante restaurante en el centro de San Antonio. Por culpa de una mala comunicación con el conductor, Jill y yo terminamos esperando media hora en la puerta del hotel antes de que el vehículo nos recogiera. Cuando llegó, me quejé al conductor de que llegábamos tarde a nuestra reserva para la cena. Intentando hacer memoria, no recuerdo exactamente lo que dije; la gente hace observaciones como ésta a todas horas.

A la mañana siguiente, estaba en el gimnasio del hotel cuando Bill se me acercó.

—Hola, Tommy –me dijo, mientras me llevaba a un lado–. Mira, esto no es gran cosa, pero algo ha llamado mi atención esta mañana. Uno de nuestros gerentes ha mencionado que es posible que anoche fueras un poco seco con el conductor. ¿Sabes de qué está hablando?

—Sinceramente, no lo recuerdo, Bill –admití–. Creo que es posible que comentara que había llegado tarde. ¿Pasa algo?

—No te preocupes. Nos encargaremos de ello. Es sólo que es probable que el conductor haya repetido tu comentario a unas pocas personas y se ha extendido entre el personal.

Cerré los ojos cuando me di cuenta de la magnitud de lo que había hecho. Se trataba del mismo personal al que le había sermoneado sobre la importancia de ser una buena influencia. Había hablado ante más de cien empleados (conductores, cocineros, gerentes, personal de limpieza y ejecutivos) sobre por qué los líderes deben ser respetuosos con los empleados en todos los niveles de la empresa. «No es por ti», les había dicho una y otra vez. Lo había escrito en letras gigantes en la pizarra: No es por ti. Las verdaderas personas influyentes lideran con el corazón y generan confianza. Son conscientes de cada interacción. Los influyentes egoístas son todo lo contrario. Son groseros y condescendientes. Se irritan por los desaires más pequeños. Son el tipo de personas que ladran a los conductores por llegar tarde.

Escribí una disculpa al conductor. Escribí una disculpa al gerente. Escribí a Bill una disculpa. Verdaderamente tenía la intención de hacer lo que fuera necesario para hacer las cosas bien. Quería desesperadamente que el personal del hotel supicra que el hombre del coche no era el hombre que se había dirigido a ellos esa mañana. Pero ya era demasiado tarde. Mis acciones no estuvieron a la altura de mis intenciones. El personal del Hotel Emma vio a un tipo zalamero que podía hablar con elocuencia sobre cómo ser una buena influencia, pero cuyas acciones sugerían que era un idiota egoísta. Aunque Bill me ha invitado generosamente a volver a hablar a su equipo, nunca he dirigido otro seminario de liderazgo en el Hotel Emma. ¿Cómo podría alguien tomarme en serio allí?

Nadie es perfecto. Todos tenemos días buenos y malos. Pero los mejores líderes siempre son conscientes de cómo tratan a las personas que los rodean. Se dan cuenta de que están siendo egoístas y, entonces, corrigen el rumbo.

Mi amigo Shawn Early es un ejemplo de un líder que cometió algunos errores, pero cuando más importaba, supo corregir. Shawn es la clásica historia de éxito estadounidense. Después de una infancia difícil, se convirtió en el primer miembro de su familia en licenciarse de la universidad, pagándose los estudios sirviendo hamburguesas en un cuchitril de restaurante. Cuando conocí a Shawn, sacó de su cartera un papel amarillento que parecía haber sido doblado y desdoblado miles de veces. La tinta se había ido borrando durante veinte años, pero se podía distinguir un número de teléfono.

—Conocí a mi esposa trabajando en ese restaurante –me explicó con orgullo–. Nunca olvidaré cuando me dio su número. Fue el mejor día de mi vida. Lo llevo conmigo dondequiera que vaya.

A medida que su relación florecía, Shawn se dio cuenta de que tenía que encontrar una profesión. A través de un amigo, encontró un trabajo en el que ganaba diez dólares a la hora como comerciante de Pepsi en Amarillo (Texas). Era un trabajo humilde, pero Pepsi se ofreció a pagarle el resto de la carrera universitaria de Shawn a medida que iba ascendiendo en la jerarquía. Excepto que Shawn no daba pasitos, sino brincos, ganando promoción tras promoción a medida que sus responsabilidades iban creciendo.

Ocho años después, Shawn se había casado, había celebrado el nacimiento de su segundo hijo y se había adaptado a su nuevo cargo de director de ventas de Pepsi en Wichita (Kansas). Era un puesto de nivel ejecutivo con grandes responsabilidades para un tipo que había estado trabajando de reponedor unos años antes. En lugar de supervisar a los empleados que estaban de cara al público como había hecho durante años, Shawn vestía traje, gestionaba clientes, redactaba planes de ventas regionales y se ganaba bien la vida. Las únicas muestras de sus humildes comienzos eran ese papel doblado en su cartera y una gorra de béisbol hecha jirones de Pepsi, que le entregaron cuando comenzó en la compañía. Ahora colgaba con orgullo detrás de su escritorio.

Una vez le pregunté por qué se aferraba a esa vieja gorra sudorosa.

—Para recordarme dónde comencé con Pepsi –me respondió.

Un día el jefe de Shawn lo llamó a su despacho. Pepsi estaba pasando por una reorganización y su puesto iba a desaparecer. ¿Aceptaría quedarse como gerente de ventas? Era una importante pérdida de categoría. Atrás quedaban las gratificaciones de los ejecutivos y los trajes. Volvería al almacén supervisando las entregas de refrescos. Shawn aceptó el trabajo, pero estaba enfadado. ¿Quién se creían que era? Lo había hecho todo bien como ejecutivo. Impresionó a las personas adecuadas. Consiguió todos sus objetivos de ventas. Contrató a las personas adecuadas. Era el chico de oro, el preciado número uno del *draft*. Ahora él era el chico al que elegían en último lugar para jugar al *kickball*.[3]

Unas semanas después, Shawn estaba inquieto en su escritorio cuando un empleado entró en su oficina. Era Sammy, un comerciante.

—Hola, jefe –dijo, acercándole el ordenador portátil que utilizaba para hacer los pedidos–. Mi ordenador portátil está estropeado. ¿Podría ayudarme a ponerlo en marcha?

Shawn miró a Sammy y sintió una oleada de frustración. Hace un mes, tenía un puesto ejecutivo y viajaba por el Medio Oeste. ¿Ahora se suponía que debía dar soporte técnico a un comerciante?

—No tengo tiempo para esto, Sammy –dijo Shawn–. Por favor, llama a alguien cuyo trabajo sea arreglar estas cosas.

Estaba siendo un idiota, un jefe egoísta más preocupado por un bache en el camino de su carrera que por las necesidades de sus empleados.

---

3. Deporte muy similar al béisbol, aunque se juega con un balón de fútbol que hay que golpear con el pie en vez de con un bate. *(N. del T.)*

—De acuerdo, jefe —dijo Sammy. Entonces su mirada se topó con la vieja gorra de béisbol que había detrás del escritorio de Shawn—. Ah, y también he perdido la gorra de mi uniforme. ¿Sabe dónde podría conseguir una como la suya?

Shawn sintió más frustración hirviendo en su interior. Pero entonces miró por encima de su espalda y vio la gorra maltrecha que había utilizado como comerciante. De repente sintió una oleada de vergüenza. En esa época no le importaba tener que viajar y visitar a los clientes. Simplemente daba las gracias por tener un sueldo fijo. Sammy no había ido a su oficina para restregarle esa degradación en la cara; sencillamente quería arreglar su ordenador portátil para poder hacer su trabajo. El trabajo de Shawn consistía en ayudar a sus empleados a triunfar, y en algún momento había perdido de vista esa misión. Se había convertido en el cliché del chico excesivamente ambicioso que sólo pensaba en él, y todos podían verlo. Estaba siendo egoísta.

—¿Sabes qué, Sammy? —dijo—. Vamos a arreglar tu ordenador portátil y a buscarte una gorra nueva.

A partir de ese momento, Shawn siguió una nueva política. Si su equipo necesitaba algo, acudían a él. Si querían dar un paso más que trabajar con el cliente y entrar en la gestión, acudían a él. En este proceso, pasó una cosa divertida. Shawn había perdido cosas buenas (la cuenta de gastos, el programa de incentivos al viajero, los partidos de golf…), pero había ganado algo mejor: un equipo de hombres y mujeres leales a quienes consideraba familia.

Un tiempo después, Shawn volvió a ser ascendido a director general y actualmente supervisa el mercado de PepsiCo en el Oeste Montañoso de Estados Unidos. Es un pilar en nuestra comunidad, uno de los mejores líderes guiados por el corazón que conozco. Después de su gran ascenso, le pregunté de qué estaba más orgulloso. Me sonrió, tomó su vieja gorra colgada en la pared y pasó los dedos por los desgarrones, las manchas de sudor y el logotipo descolorido de Pepsi. Durante mucho tiempo, esa gorra tenía que ver con Shawn: su duro trabajo, sus ambiciones, su futuro… Ahora esa gorra significaba algo muy diferente.

—Estoy muy orgulloso de mi equipo, Tommy —me dijo—. Estoy muy orgulloso de que más del 70 % de mi personal administrativo comenzó trabajando de cara al cliente, como yo. Ahora mira dónde están ahora.

Shawn tuvo éxito donde muchos otros líderes fallan. Había sido egoísta, pero cambió de actitud antes de que se produjera un daño duradero. Las personas como Shawn son raras. Veo a mucha gente que cree que el éxito es a expensas de otros. Creen que, para hacerlo bien, los demás deben hacerlo peor. Casi cada vez que hago el ejercicio del pósit en una empresa, alguien se me acerca al terminar. «Tommy, quiero estar en un pósit amarillo algún día. Pero sencillamente no veo cómo ése es un modelo comercial de éxito. A veces sólo necesitas ser un idiota para tener éxito», me dicen.

Y entonces es cuando les hablo de uno de los empresarios de más éxito que conozco. Un tipo que nunca ha sido egoísta y ha hecho una carrera poniendo a los demás por delante.

He tenido la suerte de trabajar durante muchos años en el circuito de oradores nacionales. Me tomo muy en serio mis compromisos a la hora de dar un discurso y me paso semanas preparándome para cada uno de ellos. También tengo una regla importante: personalmente no invierto dinero en los negocios de mis clientes, muchos de los cuales son organizaciones bien establecidas, prometedoras y empresas que cotizan en bolsa. No se trata sólo de ser honesto y ético; tal como yo lo veo, invertir mi corazón y mi alma en mis clientes es mucho más importante que invertir dinero. En veinticinco años, sólo he roto esta regla una vez, y fue por culpa de un influyente llamado Jackson McConnell.

No sé cómo describir mejor a Jackson, excepto decir que, si tienes una hija, sería el tipo de hombre con el que te gustaría que se casara algún día. Nacido y criado en Georgia, tiene un marcado acento sureño que tiene el efecto de tranquilizar a quienes lo rodean. Jackson es el director ejecutivo del Pinnacle Bank en Elberton (Georgia), banco fundado en 1934 y anteriormente dirigido por su abuelo y más tarde por su padre. Es el tipo de institución tradicional y obstinada que se enorgullece de la banca comunitaria. Su sede no está ubicada en un reluciente rascacielos, sino que se encuentra junto a un supermercado Dollar Tree y una ferretería Ace Hardware. Es el tipo de banco que te regala una tostadora cuando abres una cuenta corriente.

Cuando Jackson comenzó a trabajar en el Pinnacle Bank en 1994, el banco tenía unos activos de 204 millones de dólares. Cuando se convirtió en presidente en 2001, sus activos eran de 311 millones de dólares, y cuando Jackson asumió el cargo de director ejecutivo de su padre en 2006, ya ascendían a 414 millones de dólares. Desde entonces, y bajo el liderazgo constante de Jackson, los activos del banco alcanzaron los dos mil millones de dólares en 2021. Durante todos estos años, ha creado centenares de nuevos puestos de trabajo al expandirse de tres localizaciones a veinticuatro en la zona rural de Georgia.

La mayoría de los banqueros que se expanden tan rápido son el tipo de líder despiadado que se ve en las películas de Hollywood, como Gordon Gekko, protagonista de *Wall Street*. Pero Jackson es un tipo de banquero diferente. Lo conocí hace unos seis años por medio de un gran amigo. Jackson acababa de leer mi libro *Not Just Who You Know* y me invitó a comer un día que estaba de paso por Denver por negocios. No estaba de muy buen humor esa mañana. Tuve que llevar a Caroline al ortodoncista, además de un millón de cosas más. Antes de darme cuenta, llegaba treinta minutos tarde a nuestra comida y le envié un mensaje de texto a Jackson disculpándome profusamente.

—Ningún problema, Tommy, me comeré otra naranja –respondió.

Entonces me di cuenta de que tenía que recoger a Tate del entreno de hockey, así que le envié otro mensaje de texto a Jackson, disculpándome por la demora adicional.

—Ningún problema, Tommy –me dijo–. Haz lo que tengas que hacer.

Cuando por fin me senté en el restaurante, Jackson me había estado esperando durante más de una hora. Cualquier otro director ejecutivo se habría ido, profundamente ofendido, al cabo de diez minutos de esperar. Sin embargo, aquí estaba Jackson, no un director ejecutivo cualquiera, sino el presidente de la Georgia Bankers Association, pacientemente sentado y comiendo naranjas mientras esperaba que yo terminara de hacer mis cosas. Ése fue el comienzo de una hermosa amistad y más adelante me invitó a organizar un retiro de liderazgo para sus empleados.

Cuando decidí romper mis propias normas e invertir dinero con Jackson, no fue sólo porque había cuadruplicado con creces el tamaño de Pinnacle Bank durante su mandato como director ejecutivo. Fue por lo que aprendí cuando hablé con su equipo. Sus trabajadores lo quieren. Todo el mundo, desde los gerentes hasta los cajeros del banco. No podían dejar de hablar de Jackson: cómo insiste en que se tomen tiempo libre del trabajo para ayudar a su comunidad, ya sea como entrenador de la liga infantil, como profesor en la catequesis, como voluntario en el comedor de beneficencia o como repartidor de botellas de agua en una carrera local; cómo entiende que el propósito del banco no consiste sólo en recibir depósitos y otorgar préstamos...

Alguien me contó una historia que dice mucho de Jackson. Se encontraba en su despacho cuando se fijó en que un camión de reparto se había detenido en el estacionamiento del banco. El conductor estaba trasteando con el motor, pero no conseguía hacerlo arrancar. Si alguna vez has estado en Georgia en agosto, sabes lo caluroso y húmedo que es; Jackson le trajo agua al hombre y le preguntó cómo podía ayudarlo.

—He llamado al servicio de mantenimiento y vendrán a buscarme en unas horas –le respondió el conductor.

—Genial –dijo Jackson–. ¿Quiere entrar, que hay aire acondicionado, y esperar allí?

El hombre declinó la propuesta. Repartía pescado a los restaurantes locales y se echaría a perder si permanecía al sol y se descongelaba.

Entonces, el director ejecutivo de uno de los bancos de más éxito de Georgia se quitó la chaqueta, se arremangó en medio de una temperatura que rozaba los 35 °C y le dijo:

—De acuerdo. Entonces carguemos este pescado en mi automóvil y hagamos el reparto juntos.

Jackson abrió su maletero y comenzó a cargarlo de bacalao, camarones, lubina y pez espada congelados, y se pasó lo que quedaba de la tarde haciendo entregas a los restaurantes locales. ¿Quién hace eso? Jackson McConnell sí.

De todos modos, no fue hasta la pandemia de COVID-19 que realmente entendí la profundidad del amor de Jackson por sus empleados. Al igual que muchas empresas, Pinnacle Bank tuvo problemas para atender a sus clientes cuando comenzaron los cierres. Los bancos se consideraban un negocio esencial (después de todo, las personas necesitan acceder a su dinero), pero ¿cómo podrían permanecer abiertos de manera segura? A principios de abril de 2020, Jackson mantuvo una conferencia telefónica con algunos de los principales banqueros del sur de Estados Unidos para debatir cuál debía ser el camino a seguir. Rápidamente la conversación viró hacia los despidos.

—¿Cuántos empleados que cobran por horas habéis despedido? –preguntó un banquero.

—Estamos haciendo que los que no vienen a trabajar gasten sus días personales y sus vacaciones –dijo otro.

—Estamos concediendo permisos no remunerados y cancelando los subsidios de salud hasta que tengamos más información –comunicó un ejecutivo.

Nunca olvidaré el mensaje de texto que recibí de Jackson mientras estaba manteniendo esa llamada: «En estos momentos me siento como un extraterrestre. Todos estos ejecutivos de la banca están hablando de quitar la asistencia médica y despedir a los empleados. ¡Estos trabajadores son personas reales! Tienen hijos y parejas. Están asustados como todos los demás. ¡¿Y ahora van a perder sus trabajos?!».

Jackson colgó y decidió que gestionaría las cosas de manera diferente. Al día siguiente, el equipo de supervisores de Pinnacle Bank envió un correo electrónico a toda la empresa. Decía así: «En primer lugar, nuestro banco está bien. No tienes que preocuparte por cómo nos va desde el punto de vista financiero. Más importante aún, tu puesto de trabajo está a salvo. Ve a cuidar a tu familia y asegúrate de que esté bien. Dinos con qué te sientes cómodo y con qué no te sientes cómodo, y juntos encontraremos el camino a seguir». A pesar de seguir una política que prioriza al trabajador para garantizar la seguridad de todos, Pinnacle Bank logró mantenerse abierto de forma segura durante los peores días de la pandemia sin despedir a un solo empleado.

Ahora quiero que pienses por un momento: ¿Quién está en tu pósit amarillo? ¿Quién es el Jackson McConnell de tu vida que invirtió en ti, que te inspiró a la grandeza, que estuvo a tu lado para apoyarte en cada paso que dabas? Y ahora, ¿quién está en tu pósit azul? ¿Quién era esa persona egoísta incapaz de liderar, que siempre se ponía a sí mismo por delante de todo, que socavó tu promoción en lugar de impulsarla? Escribe estos nombres y pégalos en algún lugar visible de una pared. Míralos todos los días. Quizá pienses que hay una enorme diferencia entre las personas que aparecen en los pósits amarillos y los azules, pero no siempre es así. A veces es sólo un momento de influencia negativa que queda grabado en nuestras mentes para siempre.

Por eso es tan importante estar presente en nuestras interacciones con los demás. Las mejores personas influyentes no son perfectas siempre. Cometen errores. Se enfadan y dicen cosas de las que se arrepienten. Pero son conscientes y lo suficientemente humildes como para enmendar el error. Y pase lo que pase, en los días más calurosos y pesados, orientan el ventilador hacia los demás.

Pide ayuda

Cuando Benjamin Franklin era legislador por Pensilvania, desarrolló una intensa rivalidad con otro legislador. Cuanto más trataba Franklin de conseguir su voto, más desagradable era el hombre. Un día, Franklin decidió probar otra táctica. Se acercó a su rival y le preguntó si podía tomar prestado un libro raro de su colección. El hombre accedió a regañadientes y, una semana después, Franklin le devolvió el libro junto con una carta en la que le daba efusivamente las gracias. «Cuando nos volvimos a encontrar en la Cámara se dirigió a mí, cosa que no había hecho hasta entonces, con mucha cortesía. Y desde aquel día siempre manifestó un gran interés en atenderme en cualquier momento, por lo que llegamos a ser grandes amigos. Nuestra amistad continuó hasta el día de su muerte»,[1] escribió más tarde Franklin en su autobiografía.

Resulta que Ben Franklin estaba en lo cierto, porque los investigadores han estudiado este fenómeno desde entonces. Incluso tienen un nombre para ello: el efecto Ben Franklin. Básicamente, según la teoría, nos gusta más la gente después de ayudarla. Parece paradójico, pero los estudios lo confirman una y otra vez. Ahora bien, como probablemente habrás intuido, este fenómeno tiene sus límites. Si todo lo que haces es pedirle a la gente que te dé cosas, se van a enfadar. Pero cuando tus acciones coinciden con tus intenciones, cuando tu petición es genuinamente sincera, las personas no sólo querrán ayudarte, sino que también se sentirán honradas de hacerlo.

Siempre estoy pidiendo ayuda a la gente. Es prácticamente mi trabajo de jornada completa. Por ejemplo, todas las semanas llamo a un

---

1. Franklin, B.: *Autobiografía.* Coria del Río, Mono Azul Editora, 2007, p. 142.

líder empresarial y le hablo de un niño desfavorecido que estoy tratando de becar para la Global Youth Leadership Academy. «¿Puede ayudarlo?», le pregunto.

La mayoría de las veces, la respuesta es sí. Éstas son personas a las que recurro una y otra vez, personas que se sienten honradas de que les pida que contribuyan a una buena causa. Son personas con las que he desarrollado relaciones hermosamente auténticas, humildes y sensibles, en gran parte al pedirles que sirvan a los demás. Muchas de mis relaciones más queridas comenzaron pidiéndoles ayuda.

Hace unos años, la National Leadership Academy celebró su vigésimo aniversario. Durante todo este tiempo, hemos dependido en gran medida de voluntarios, donantes de alimentos, patrocinadores de becas y otros benefactores. Durante los últimos veinte años, le he pedido a Chris Harr y Shawn Early, dePepsiCo, que donaran todas las bebidas para los eventos de la academia. La respuesta siempre ha sido que sí. Le he pedido a Mark Miller, vicepresidente de liderazgo de alto rendimiento de Chick-fil-A, que donara montones de comidas. La respuesta siempre ha sido que sí. Le he pedido a Bill Graebel si su empresa podía ser el patrocinador principal de la academia. La respuesta siempre ha sido que sí. Le he pedido a Matt Lambert, director general del Country Club de Mirasol, que fuera el anfitrión de nuestros retiros y eventos de recaudación de fondos para becas de la academia. La respuesta siempre ha sido que sí.

Este capítulo puede parecer paradójico. La mayor parte de este libro trata sobre aprender a dejar a un lado el ego y servir a los demás. Pedir ayuda puede parecer egoísta. Puede hacerte parecer un aprovechado. Lo entiendo. Excepto que los estudios psicológicos muestran que ofrecer apoyo es tan importante como recibirlo. La mentalidad de ir solo puede hacer parecer que no supones una carga, pero también te deja, evidentemente, solo.

Después de que mis padres se divorciaran, mi madre se casó con un hombre maravilloso llamado Lou, su amigo de la infancia que creció en White Plains (Nueva York). Llevan casados más de veinticinco años. Ahora bien, Lou es tan de la vieja escuela como te puedas imaginar. Sirvió en el ejército de Estados Unidos y luego fue subiendo en el escalafón de una empresa internacional de productos lácteos hasta que se convirtió en director de operaciones. Era el estadounidense de rango más elevado en la organización y un líder muy sensato. Lou era el primero en llegar y el último en irse: el tipo de hombre que cubre las espaldas de sus empleados sin importarle nada, pero que no espera ningún abrazo a cambio. Lo único a lo que se dedicó más que a su trabajo fue a mi madre. Pero, como muchos hombres de la generación de Lou, rara vez pide ayuda. Cuando salimos a cenar, siempre paga, sin preguntas. Cuando tiene un amigo que lo necesita, es su trabajo ayudarlo, el de nadie más. Nunca sabrás si no está seguro de qué hacer, porque Lou siempre tiene una respuesta.

Hace aproximadamente un año, Lou y mi madre tuvieron un pequeño accidente de tráfico yendo desde su casa en Florida hasta Carolina del Norte. Reparar el vehículo llevaría un par de semanas, por lo que lo dejaron en el taller y alquilaron otro para regresar a casa. Lou tiene setenta y tantos años y yo no quería que condujera solo durante casi dos días, así que me lo monté para volar a Carolina del Norte, recoger el coche y llevarlo a casa de mis padres. Cuando Lou se enteró del plan, inmediatamente pidió un taxi al aeropuerto, voló a Carolina del Norte, recuperó el coche y condujo doce horas hasta su casa, solo. Más tarde me dio las gracias por mi generoso ofrecimiento, pero su mensaje era claro: no pide ayuda, ni siquiera a la familia.

Adoramos a personas como Lou, el último de una generación que luchó contra el fascismo y luego se puso a trabajar para hacer de Estados Unidos el país más próspero del mundo. Pero esos valores de tipo fuerte y silencioso también pueden impedirnos honrar a los demás. Cuando me enfrento a decisiones importantes en la vida, llamo a mis mentores, Jerry Middel, Bill Graebel, Walt Rakowich, Frank DeAngelis, Scott Lynn, entre otros, para pedirles consejo. Aprecian profundamente que confíe en ellos y se sienten honrados de que busque su consejo. Tampoco tengo miedo de pedir ayuda a personas que apenas conozco. Una vez conocí en una cena a un tipo llamado Joe Sanders. Dirige una maravillosa organización llamada Colorado Uplift, que fomenta nuevas generaciones de líderes urbanos vinculando a jóvenes en riesgo de exclusión social con mentores. Por aquel entonces, mi hijastro, Anthony, estaba pasando por una época de cierta ansiedad porque había solicitado el ingreso en la Academia Militar de Estados Unidos.

Sabía que Joe era un coronel retirado de la Fuerza Aérea y exdirector del Centro para el Desarrollo del Carácter y el Liderazgo de la Academia de la Fuerza Aérea de Estados Unidos. Así pues, pensé que quién mejor para aconsejar a Anthony durante este estresante período.

Sin avisarlo, llamé a Joe y le pedí ayuda.

—Joe, soy consciente de que eres un hombre ocupado, pero no puedo pensar en un mejor modelo a seguir para Anthony. Eres el tipo de hombre que quiero que sea algún día, y te agradecería mucho que quedaras con él para tomar un café.

Joe no sólo canceló un compromiso para ese viernes para reunirse con Anthony, sino que lo estuvo llamando todas las semanas que duró el proceso de solicitud. Era mucho pedir y Joe tuvo el honor de ayudar.

Piensa en la última vez que alguien hizo una presentación increíble de ti. Si eres como la mayoría de las personas, tu instinto es ser humilde y agradecido y no parecer un oportunista. Excepto que los grandes líderes entienden que nunca debes dejar que se malogre una relación importante, no para tu propio beneficio sino para el de otra persona.

Para explicar lo que quiero decir, permíteme hablarte de un niño llamado Braidy, que asistió a nuestra Global Youth Leadership Academy en la Toscana (Italia). Un día íbamos en autobús cuando me di cuenta de que Braidy estaba escuchando música con sus auriculares. Tenía los ojos cerrados mientras se movía en su asiento, en uno de esos momentos de trance que sólo la música puede proporcionar. Curioso, me acerqué al asiento y paré la oreja, esperando oír cantar a Drake, Taylor Swift o Ed Sheeran. Pero para mi sorpresa, la canción que oí a través de sus auriculares era una canción del musical *The Book of Mormon*. Cuando la canción llegó a su crescendo, Braidy no sólo tarareaba la letra, sino que la cantaba a todo pulmón. Y lo hacía bien. Muy bien.

—Braidy –le dije, tocándole el hombro. Pareció sobresaltado, como si lo hubiera despertado de un sueño vívido–. Cantas increíblemente bien. ¿Dónde has aprendido a cantar así?

—Es sólo una diversión –dijo tímidamente–. No me he dado cuenta de que estaba cantando en voz alta.

—Algún día podrías estar en Broadway con actuaciones como ésta. ¿Has pensado seriamente en cantar en musicales para ganarte la vida?

—No sé. Probablemente no soy lo suficientemente bueno.

Más tarde ese mismo día fuimos a buscar trufas a una granja centenaria. Después, mientras disfrutábamos de nuestra recompensa, le pedí a Braidy que actuara para el grupo. Nos dejó boquiabiertos con una interpretación del número de apertura de *The 25th Annual Putnam County Spelling Bee*. Era la primera vez que actuaba ante una audiencia, pero nunca lo hubieras dicho. Parecía que había nacido en ese escenario. Al año siguiente, Braidy logró el papel de Roger en su musical de secundaria, *Rent*. Es el papel principal y es muy difícil, especialmente para un estudiante de primero. Llevé a mi familia a ver el espectáculo y, por supuesto, Braidy bordó el papel.

Un día, durante el segundo curso de secundaria de Braidy, mi agente literario, Michael Palgon, me llamó para explicarme que había firmado un nuevo cliente: la estrella de Broadway Robert Creighton. Bobby, como todos lo llaman, es básicamente la realeza del teatro, habiendo protagonizado obras como *The Lion King*, *The Mystery of Edwin Drood*, *Anything Goes*, *Chicago* y *Chitty Chitty Bang Bang*. Destaca cantando, bailando y actuando. Bobby iba a venir a Denver para un preestreno del nuevo musical de Disney, *Frozen*.

—Vosotros dos deberíais quedar –sugirió Michael.

Me gusta Broadway. Me encanta. Para mí, conocer a Bobby Creighton habría sido una oportunidad única en la vida, pero en lugar de utilizarla para conseguir entradas o un pase para el *backstage*, reflexioné sobre mis intenciones e inmediatamente pensé en Braidy. Llamé a Bobby y así empezó la primera conversación que tuvimos:

—Hola, Bobby, soy Tommy Spaulding. Nuestro agente, Michael, ha pensado que deberíamos quedar. Me pregunto si podría pedirte ayuda. Verás, conozco a un chico de diecisiete años llamado Braidy…

Cuando le conté la historia a Bobby, inmediatamente aceptó quedar conmigo para disputar un *foursome*[2] con Braidy y su padre, Scott. Cuando llegó el día, no le dije a Braidy con quién estábamos jugando al golf.

—Oh, mi amigo Bobby, es posible que lo conozcas –le dije crípticamente.

---

2.   Modalidad de golf por parejas en la que cada pareja juega una única bola y después de la salida se van alternando los golpes hasta finalizar el hoyo. *(N. del T.)*

Cuando Bobby entró en la casa club, nos estrechó la mano y dijo:

—Así pues, ¿quién es la futura estrella de Broadway que jugará a golf hoy conmigo?

Habría pagado una pequeña fortuna por ver la expresión de Braidy inmortalizada en un cuadro. Bobby era su ídolo y ahora viajaría junto a él en un carrito de golf durante dieciocho hoyos. Pero lo creas o no, ver la relación de estas dos estrellas no fue lo más destacado de mi tarde. Lo más destacado fue desplazarme con Scott, quien estuvo extrañamente callado durante tres horas. Veía a su hijo charlar animadamente con su ídolo. Veía un fuego y una pasión en el rostro de Braidy que nunca había visto.

—Tommy –me dijo con una sonrisa–, mi hijo va a ser una estrella, ¿no?

Sabes que has hecho algo bien cuando oyes esto. Scott y Braidy nunca olvidarán esa tarde mientras vivan. Y yo tampoco. Por otro lado, aunque nuestra relación comenzó con mi petición de ayuda, Bobby se ha convertido en uno de mis amigos más cercanos.

¿De qué maneras puedes honrar a los demás pidiéndoles ayuda? Éste es una excelente manera de comenzar: busca a una persona con un conjunto de habilidades que admires y pídele que sea tu mentor.

No hace mucho, mi amigo Mark Honnen me contrató para dirigir ejercicios para fomentar el espíritu de equipo para sus gerentes en su concesionario John Deere. Al terminar, salimos todos a tomar margaritas a un restaurante mexicano. Vi a Mark, que normalmente es un director ejecutivo muy estricto y concentrado, aflojarse la corbata y bromear con sus empleados. Pensé en mi propio personal: quiero y respeto a mis empleados, pero no podría dejarme ir con ellos de la misma manera que lo hizo Mark. Unos días después, descolgué el teléfono y lo llamé.

—Mark, ¿puedes ayudarme? –Le expliqué que me lo tomaba todo demasiado en serio y que me gustaría salir con mis empleados sin sentirme incómodo–. Sólo quiero poder divertirme en el trabajo de vez en cuando.

Mark accedió al instante e incluso me dio las gracias. Le conmovió que notara cuántos esfuerzos ha hecho siempre para cultivar un ambiente de trabajo inclusivo. Desde entonces, Mark me ha ayudado a ser mejor jefe y hombre, y nos hemos convertido en buenos amigos.

Pedir ayuda no sólo nos ayuda a ser mejores personas; también nos ayuda a ser más sensibles en nuestra vida cotidiana. Así pues, piénsalo bien: ¿A quién le has pedido ayuda hoy? Si tu instinto es decir «A nadie», recuerda que a veces el mayor cumplido que puedes hacerle a otra persona es honrarla pidiéndole ayuda.

PARTE V

El ciclo de la influencia

Águilas y gaviotas

Cuando no estoy viajando por el país, procuro estar con mi familia todo lo que puedo. Cada año me comprometo a pasar más tiempo en casa, pero de alguna manera el trabajo se interpone en el camino. Desde todas las charlas de liderazgo, capacitaciones y retiros corporativos hasta mis viajes con las academias de liderazgo nacional y liderazgo juvenil global, parece que siempre estoy en un avión volando hacia alguna parte. En verano de 2021, cuando Anthony se fue a la universidad en West Point, me di cuenta del poco tiempo que pasamos con nuestros hijos antes de que abandonen el nido. Cuando en octavo Tate recibió su primera oferta para ir a una escuela privada de hockey, y nada menos que de una escuela de la otra punta del país, me afectó aún más.

Cuando me di cuenta de que Caroline pronto podría ser nuestra única hija en casa, quise pasar todo el tiempo que pudiera con ella. Como a cualquier adolescente, no siempre le entusiasma esta idea, pero de vez en cuando me deja arroparla a la hora de dormir. Una noche, le di un beso de buenas noches como siempre hago, pero había algo que parecía un poco raro. Estos últimos días parecía más tranquila que de costumbre.

—¿Pasa algo malo, cariño? –le pregunté–. ¿Quieres explicármelo?

—Papá, tengo problemas para adaptarme a la escuela.

Al principio, me costó aceptar esa idea. Siempre he pensado que Caroline era una chica popular. Es muy extrovertida. En la escuela de secundaria, jugaba a baloncesto, consiguió el papel de Mary Poppins en el musical y terminó entre los primeros de su clase. Está muy implicada en muchas organizaciones de su escuela. Caroline cautiva a la gente tan fácilmente con su desenvoltura y amabilidad que nunca pensé que tendría problemas para hacer amigos.

Caroline nos explicó que las cosas empezaron a cambiar al cumplir los dieciséis años. Sus amigos comenzaron a hacer fiestas con alcohol, pero ella no tenía ningún interés en eso. Su idea de pasar una noche de sábado divertida era ofrecerse a cuidar niños o ser voluntaria en un evento de servicio a la comunidad. En lugar de irse de fiesta durante las vacaciones de verano, prefería ir a un campamento religioso. Caroline explicó que mientras los adultos veían a una mujer joven y atractiva con valores impecables, algunos de sus compañeros de clase veían a una mojigata.

A veces tengo problemas para relacionarme con mi hija. Ella es todo lo que yo no era cuando tenía su edad. Es brillante, elocuente y humilde. Las habilidades de liderazgo que he tardado décadas en aprender le resultan muy naturales. Mientras que Tate es un huracán de energía que vive sobre el hielo e inspira a sus compañeros de equipo a jugar tan intenso como sea posible, y Anthony es un líder nato que ha prometido una vida de sacrificio por su país, la influencia de Caroline es más tranquila, firme y personificada por las buenas decisiones que toma sin esfuerzo todos los días. A veces temo que es demasiado inteligente para beneficiarse de cualquier consejo que pueda darle.

Pero entonces, casi milagrosamente, se me ocurrieron las palabras correctas.

—Cariño, ¿te he hablado alguna vez de las águilas y las gaviotas? —le pregunté.

Caroline negó con la cabeza.

—Bueno, las gaviotas están en todas partes. Hay millones y millones de ellas por todo el mundo. Pasan el rato en la playa, en los parques, en los vertederos… Puedes oírlas a kilómetros de distancia. Siempre se están arreglando las plumas y buscando comida. Nunca vuelan a más de cincuenta metros. Las gaviotas no tienen nada de malo, pero las ves con tanta frecuencia que ni siquiera piensas en ellas. Las águilas, en cambio, son escasas. Vuelan tan alto como los aviones. Pueden detectar un pez diminuto a centenares de metros de altura. Si tienes la suerte de ver un águila, dejas de hacer lo que estás haciendo y la observas con asombro. ¿Sabes qué eres, cariño?

Caroline sonrió ligeramente pero aún parecía escéptica.

—¿Te acuerdas de que hace unos años te pregunté si querías ir de vacaciones a Disney World? Dijiste que preferirías ayudar a construir casas para los pobres en México. Eso no es lo que hacen las gaviotas.

Entonces sonrió un poco más.

—Cada día de Navidad, cuando todos tus amigos abren sus regalos, envuelves los bocadillos. Luego nos arrastras a Costco para que puedas comprar calcetines de lana. Luego pasamos todo el día repartiendo bocadillos y calcetines a personas sin hogar. Eso no es lo que hacen las gaviotas.

Ahora estaba sonriendo de verdad.

—Cariño, he dedicado mi carrera a ayudar a las gaviotas a convertirse en águilas. Eres una de las raras señoritas que ha sido un águila desde el día en que naciste.

Pensé en esa conversación durante mucho tiempo. La verdad es que pasé los primeros treinta años de mi vida siendo una gaviota. Como ya he escrito antes, cuando era niño en Suffern (Nueva York), tuve problemas académicos por culpa de una dislexia no diagnosticada. Era un habitual del aula de refuerzo por culpa de mis problemas de aprendizaje. Tenía un ceceo obstinado. Fui a la escuela de verano los cuatro años. No servía de nada. Sin embargo, como yo era Boy Scout, monaguillo y buen chico, mis profesores me dejaban pasar de curso, aunque apenas sabía leer o resolver problemas matemáticos básicos. La única que comentó mis dificultades fue mi profesora de mecanografía, Ms. Dizzini, quien no podía entender por qué confundía las letras todo el tiempo. «Supongo que eres estúpido, Tommy», dijo finalmente, exasperada.

Al terminar la semana, mi madre me sentaba en la mesa de la cocina y me preguntaba: «¿Qué has aprendido esta semana? ¿Qué notas has sacado? ¿Qué tareas has hecho?». Mi madre me quería mucho y estaba orgullosa de mis logros, pero a mi manera insegura, a veces consideraba que tenía que ganarme su amor. Constantemente me estaban comparando con mis primos, quienes destacaban en los deportes y han ido a excelentes escuelas y han tenido grandes carreras. Con cada examen suspendido y cada verano pasado en un aula de refuerzo, me sentía más como la oveja negra de la familia. Pero aprendí a enmascarar esa vergüenza con puro impulso y ambición. Decidí que le demostraría al mundo que podía tener éxito. Juré que algún día valdría más dinero que todos mis primos juntos. Vergonzosamente, éste siguió siendo mi criterio de éxito durante más de una década. Era adicto a los logros y al éxito.

A pesar de que me gradué de la escuela de secundaria con un GPA de 2,0 y puntuaciones de SAT por debajo del percentil noventa, lo logré. El último año me eligieron presidente de la clase. Hacía los anuncios de la mañana, memorizando minuciosamente cada palabra para no encallarme mientras leía. Me eligieron embajador estudiantil. Me convertí en el Eagle Scout[1] más joven en la historia de mi patrulla. Fui el *kicker* del equipo universitario de fútbol. Canté en los musicales universitarios y fui capitán del equipo de esquí. Fui campeón estatal y nacional de DECA en emprendimiento. Fui presidente de Students Against Drunk Driving (estudiantes contra la conducción ebria). Fui voluntario en mi iglesia local mientras también trabajaba a tiempo parcial en McDonald's y Domino's. Acumulé tantos logros que me votaron como «Hice más por Suffern High School» en los superlativos del anuario.

Cada presidencia de club, cada premio, cada logro sólo alimentaba mi adicción al éxito, y esta búsqueda de reconocimiento continuó en la universidad. Sin embargo, mis notas seguían siendo pésimas. ¡Suspendí álgebra básica seis veces! Asistí a clases de verano porque no tenía suficientes créditos. Me gusta bromear que, si sumo mis promedios de notas de la escuela de secundaria y de la universidad, me gradué con un 4,0.

Tenía que seguir alimentando mi adicción al éxito. Fui a una escuela de negocios en Australia y sobresalí. En lugar de escoger el trabajo que realmente me gustaba después de graduarme —trabajar para *National Geographic*—, me decanté por el trabajo que me ofrecía la mayor prima por firmar el contrato y el salario más alto: Lotus Development (IBM) en Boston. Cuando cumplí los treinta, era un vendedor de primer nivel que vivía en un apartamento de un millón de dólares en el

---

1. Es el rango más alto que puede conseguir un Boy Scout. Desde su creación en 1911, se estima que únicamente un 4 % de los Scouts lo han obtenido. *(N. del T.)*

South End. Había viajado a más de ochenta países y vivido en Europa, Asia y Australia. Había marcado todas las casillas, había ganado todos los premios. Incluso había logrado mi objetivo de valer más que todos mis primos juntos. Y, sin embargo, en el fondo, todavía me sentía como el niño con dislexia y tartamudez que tenía que ir al aula de refuerzo. Todavía resonaban en mi mente las palabras de Ms. Dizzini: «Supongo que eres estúpido, Tommy». Ningún premio, ningún salario, ningún título podría llenar ese vacío que había en mi corazón.

Como ya relaté en mi primer libro, mi momento de claridad llegó en una conferencia de ventas en 1999 celebrada en los complejos hoteleros Walt Disney World Swan y Walt Disney World Dolphin. El vicepresidente de ventas de Lotus Development subió al escenario gritando: «¡Queremos más participación en el mercado! ¡Más cuota de mercado significa que ganas más dinero!». Los billetes de un dólar llovían como confeti mientras él golpeaba el atril y mis colegas se empujaban, se daban codazos y acumulaban billetes como niños que buscan caramelos en una piñata. Cuando regresé a casa, analicé detenidamente mis motivaciones. Todo lo que había logrado había sido por mi propio orgullo, no porque quisiera ayudar a los demás e influir en su vida. No viajaba para aprender sobre el mundo y otras culturas, sino para mostrar todos los sellos de mi pasaporte. Hice dinero no para formar una familia o donar a causas nobles, sino en un vano intento de demostrar que no era estúpido. Tenía treinta años, estaba deprimido y solo. En lugar de construir una vida con sentido, me pasé diez años ampliando el currículum. No era otra cosa que otra gaviota picoteando entre las sobras. Todo había tratado sobre mí y el agujero de inseguridad que había en mi corazón.

Y entonces me di cuenta. La única vez que había sido verdadera e inequívocamente feliz fue cuando recorrí el mundo siendo un adolescente con Up with People. Por aquel entonces no tenía dinero ni profesión. Sólo quería ayudar a unir al mundo. Al aprender a querer y servir a los demás, aprendí a quererme y servirme a mí mismo. En algún lugar del camino había olvidado esa lección.

Así que hice una locura. Renuncié a mi trabajo, vendí mi apartamento en Boston, cargué mi coche y conduje hasta Denver, para reincorporarme a la organización que había cambiado mi vida. Cuando tenía treinta y cinco años, me casé con Jill, quien me enseñó el significado del amor incondicional. Me quería siendo pobre y me quería siendo rico. Me quería con tejanos ajustados y con pantalones anchos. A Jill no le importaba mi currículum ni mis premios. Lo único que le importaba era que me despertara cada mañana decidido a aprender algo nuevo y a convertirme en una mejor persona. Cuando dejé Up with People, gasté todos mis ahorros para comenzar una organización sin ánimo de lucro llamada Leader's Challenge, que más tarde se convirtió en la National Leadership Academy. Mi objetivo era servir a jóvenes como yo que pasaban desapercibidos.

En los veinte años transcurridos desde entonces, hemos tenido más de diez mil niños que han participado en la National Leadership Academy y en la Global Youth Leadership Academy. Con cada graduación exitosa, el gran agujero que hay en mi corazón se cierra parcialmente. Cambiar mi corazón y dedicar mi vida a servir a los demás ha sido una de las mejores decisiones que he tomado. De todos modos, servir a los demás todavía no me resulta tan natural como a águilas como Caroline. Todavía me enfrento a desafíos que obstaculizan mi capacidad de vivir una vida de influencia positiva. Me enfado con demasiada facilidad. Soy lento a la hora de perdonar. Puedo ser egoísta. Pero me despierto todos los días y trato de ser mejor. Mi esposa me recuerda a menudo que sinceramente aprecia mi duro trabajo para convertirme en el mejor hombre que puedo ser.

Y en el camino he aprendido la regla de influencia más importante, que exploraremos extensamente en esta sección: *no puedes querer e influir positivamente sobre la vida de los demás si no que te quieres e influyes positivamente sobre ti mismo.*

La importancia del yo en la influencia

Hemos comentado los tres elementos críticos (interés, inversión e intención) de la influencia positiva. Pero aún queda un punto muy importante y en muchos sentidos, crucial. Tiene todo que ver con la frase que acabas de leer: no puedes querer e influir positivamente sobre la vida de los demás si no que te quieres e influyes positivamente sobre ti mismo.

¿Estás preparado? Tenemos que hablar de tu importancia: de la importancia del yo.

No puedes querer e influir positivamente en la vida de los demás hasta que te quieras y aprendas a cuidarte a ti mismo. Tardé treinta largos años en darme cuenta de esto, y mi vida ya no ha sido la misma desde entonces.

Es curioso, he volado miles de veces en mi vida para dar charlas sobre liderazgo, pero nunca me di cuenta de que una de las lecciones de liderazgo más importantes me miraba a la cara cada vez que me subía a un avión. Mira, antes del despegue, ves el vídeo de seguridad mientras los auxiliares de vuelo te indican las salidas de emergencia. Lo has escuchado un millón de veces: «En caso de una pérdida de presión de la cabina [...] asegúrese de tener su máscara ajustada antes de ayudar a otros pasajeros». Si durante una emergencia te centras sólo en ayudar a los demás, pronto te desmayarás por falta de oxígeno. En vez de ello, como nos dicen los auxiliares de vuelo, debes garantizar tu propia seguridad antes de centrar tu atención en las personas que están a tu lado. Es un concepto simple que también habla del corazón de la influencia: puedes ayudar a muchas más personas a largo plazo cuidándote antes a ti mismo.

¿Y si aplicáramos esta lección a la vida? ¿Qué pasaría si dedicamos un poco más de tiempo a priorizar nuestras propias necesidades para que en un futuro podamos servir mejor a los demás? Puede parecer contradictorio e incluso egoísta, pero imagina una vida en la que tengas más tiempo, más felicidad y más energía para tener un mayor impacto sobre la vida de los demás.

El primer paso para priorizar tus propias necesidades comienza con tener gratitud. Es estar agradecido por las bendiciones en tu vida. Por ejemplo, estoy agradecido de tener una familia sana y hermosa. Estoy agradecido de que no importa las pruebas que afrontemos, nada se interpondrá entre nosotros. Estoy agradecido de haber crecido con unos padres cariñosos, que ahora son unos abuelos cariñosos. Pillas la idea. Ser agradecido significa pensar no en lo que no eres, sino en lo que eres. Es pensar en lo que tienes y no en lo que no tienes. Cuando le dices a las personas más importantes para ti cuánto las quieres y cuán agradecido estás por sus cualidades, ablandas sus corazones tanto como el tuyo. Estar agradecido por las personas que más quieres es la base para garantizar que permanezcan en tu vida para siempre y que tus lazos continúen estrechándose.

Cuando agradeces las bendiciones de la vida, puedes darte cuenta del poco tiempo que les dedicas. Tener una actitud de gratitud no sólo nos da una actitud más positiva en la vida, sino que nos da una mejor perspectiva. Hace un tiempo saqué una hoja de papel y anoté mis compromisos más importantes. Mi fe, mi familia, mis amigos y mi trabajo estaban en lo más alto. Pero luego enumeré otras veintidós obligaciones que había embutido en mi vida, incluido el trabajo en la iglesia, los clubes cívicos y el servicio en juntas y comités asesores sin ánimo de lucro. Estas actividades me aportaban un sentido de contribución. Me sentía muy orgulloso. El problema era que no daba abasto, aferrándome a cosas buenas en mi vida que me impedían centrarme en lo grande. Me sentía como si volviera a tener veinte años, acumulando éxitos para enmascarar mis inseguridades más profundas. Eran causas grandes y nobles, pero sencillamente no tenía tiempo para todas.

Un día oí a un hombre llamado Bob Doll decir algo que cambió por completo mi forma de pensar. Después de décadas de trabajar en firmas como BlackRock, Merrill Lynch o OppenheimerFunds, Bob explicó que cuando se trata de negocios, «a veces hay que centrarse en lo mejor a expensas de lo bueno». Se refería a los líderes con visión de futuro que tienen que tomar decisiones difíciles, como reinventar un modelo comercial de éxito para prepararse para un mercado futuro, pero me di cuenta de que la misma idea puede aplicarse a nuestras vidas. Necesitaba soltar algo de lo «bueno» en mi vida para poder dedicarme a lo que realmente era mejor.

Entonces recordé lo que Jill me dijo una vez: «A veces siento que todos obtienen lo mejor de Tommy Spaulding excepto nuestra familia». Así que hice algo que una versión más joven de mí nunca hubiera hecho: descolgué el teléfono y llamé a casi todas estas juntas, clubes y comités, y renuncié educadamente. Necesitaba tiempo para reenfocarme y recalibrar mis prioridades, les dije. Estaba fingiendo ser un líder que no tenía tiempo para liderar y necesitaba dedicar tiempo a ser mejor esposo, mejor padre, mejor amigo y *coach* de liderazgo. Éstas eran las áreas en las que podía marcar mayores diferencias. Me preparé para lo peor, listo para ser acusado de traición, abandono, deslealtad o algo peor. Sin embargo, todas y cada una de esas organizaciones aceptó mi renuncia con elegancia y aprecio. Dijeron que respetaban mi decisión y me deseaban lo mejor. Algunas de las personas con las que hablé dijeron que les había inspirado a sacrificar algunas de sus propias obligaciones para dejar espacio a lo que más importaba.

Cuando me desperté al día siguiente, fue como si alguien me hubiera quitado un camión de cemento de los hombros. Curiosamente, nunca me había sentido más como un líder que cuando hice esas veintidós llamadas y renuncié a esas posiciones de liderazgo. Jill y yo tenemos un lema por el que nos guiamos: «Si todo es importante, entonces nada lo es». A lo largo de los años he aprendido que los líderes deben ser implacablemente intencionales con su tiempo y sus recursos. Deben suspender tareas pendientes para poder centrarse en lo más importante: influir en la vida de los demás.

Allá por 1938, los investigadores de la Universidad de Harvard querían descubrir la clave para llevar una vida feliz y saludable. Siguieron a 268 estudiantes de segundo año de Harvard, monitorizando todo, desde sus hábitos de ejercicio hasta sus carreras y sus matrimonios. Entre los sujetos originales se encontraban el presidente John F. Kennedy y el famoso editor del *The Washington Post*, Ben Bradlee. Sorprendentemente, el estudio siguió a estos estudiantes de Harvard durante ocho décadas y aún hoy continúa, aunque sólo unos pocos individuos siguen vivos. En una segunda fase, el estudio se amplió para incluir a los hijos y a los nietos de los sujetos.

Así pues, después de transcurridos ochenta años, ¿cuál era el secreto para una vida larga y saludable que encontró el estudio? Esto es lo que dijo el director del estudio, Robert Waldinger, en 2015: «Cuando reunimos todo lo que sabíamos [sobre los participantes] a los cincuenta años, no fueron sus niveles de colesterol los que predijeron cómo iban a envejecer, sino lo satisfechos que estaban en sus relaciones. Las personas que estaban más satisfechas en sus relaciones a los cincuenta años fueron las más sanas a los ochenta».

En efecto, el factor más importante para vivir una vida saludable no era la dieta, la meditación o el ejercicio, sino fomentar vínculos duraderos con los demás. Como explicó otro investigador principal, «la clave para un envejecimiento saludable son las relaciones, las relaciones y las relaciones».

Piensa en ello unos instantes. Puedes tratar tu cuerpo como un templo, comer todos los alimentos adecuados, evitar el tabaco y el alcohol, y destrozarte el trasero en una bicicleta estática todos los días, pero si no estableces relaciones significativas, si no llevas una vida de influencia positiva, no sirve de nada. En esencia, éste es el círculo de influencia. Relaciones, relaciones y relaciones. Son la clave para una vida feliz, y durante demasiado tiempo había descuidado la mía.

Todos nosotros somos plenamente capaces de establecer nuevas relaciones e invertir en ellas. Sólo se necesita un esfuerzo intencional. Un día me di cuenta de ello: me había aislado de muchas personas maravillosas porque viajaba a veinte ciudades al mes, mi peso fluctuaba como un yo-yo y mi nivel de estrés se encontraba por las nubes. Así que anoté los nombres de seis compañeros que me habían influido mucho, líderes que creo que son grandes hombres de fe, esposos, padres y líderes guiados por el corazón. Estaban repartidos por todo el país, desde Iowa hasta Texas, Washington D.C. o Georgia. ¿Y si empezáramos a reunirnos? Aunque nunca habían hecho nada juntos, sabía que podíamos forjar algo especial. Podríamos reunirnos todos los meses y «hacer vida» juntos. Sería esa roca en mi calendario que tanto anhelaba, un refugio donde mis colegas más cercanos pudieran llorar, reír y crecer juntos.

Los seis aceptaron al instante. Nos encontramos por primera vez en Des Moines (Iowa), en un asador llamado 801 Chophouse. Me fui desplazando por la mesa para presentar una a una a todas las personas, no por sus logros profesionales sino por cómo me habían influido. Estaba Craig, padre de seis hijos, incluidos dos adoptados de Etiopía. Había llevado a mi familia a México para construir casas y aprender el valor de retribuir a los menos afortunados.

—Craig es el mejor padre que conozco –le expliqué al grupo–. Trato de ser como él todos los días.

Luego presenté a Chase, un líder experimentado de Chick-fil-A de poco más de treinta años que había asistido a mi retiro sobre liderazgo unos años antes.

—Os presento a Chase –le dije al grupo–. Puede que tenga veinte años menos que nosotros, pero nunca he conocido a alguien que encarne un liderazgo guiado por el corazón mejor que él.

Y continué presentando a los otros miembros de la mesa.

—Ahora os presento a Brian segui diciendo–. No hay un tipo más genuino en el mundo que Brian. Me ha enseñado a ser mejor líder y hombre.

Me fui desplazando sin parar, exponiendo cuánto significaba cada uno de estos líderes para mí, cuánto los quería y cuánto más tenía que aprender de ellos. Pasamos horas hablando y riendo y profundizando, y nos bebimos una botella de bourbon en el proceso. Luego nos retiramos al vestíbulo de nuestro hotel y hablamos hasta altas horas de la madrugada. Los siete éramos prácticamente unos desconocidos cuando llegamos a Des Moines, pero nos fuimos siendo algo completamente diferente. No amigos, sino hermanos. Desde aquel día nos hemos reunido casi todos los meses.

Llamamos a nuestro foro Iron Works,[1] por uno de mis proverbios favoritos: «El hierro se afila con otro hierro y el hombre con otro hombre» (Proverbios 27:17). Cada mes volamos a una ciudad diferente,

---

1. Se podría traducir por «Trabajos de Hierro». *(N. del T.)*

cenamos, abrimos una botella de bourbon y hablamos de cosas que nos hacen sentir incómodos. ¿Cómo va tu matrimonio? ¿Cómo te va la vida? ¿Y el trabajo? ¿Y la fe? ¿Y la familia? ¿Cuán bien te has portado con tu pareja? ¿Cuán bueno has sido contigo mismo? Nunca dejamos de desafiarnos a nosotros mismos para ser mejores en todas las formas posibles. No hablamos de fútbol ni de hockey ni de política ni de otros asuntos superficiales. Nuestras reuniones mensuales se han convertido en un faro en un mar embravecido y guían nuestro rumbo cuando la vida se vuelve demasiado difícil para gestionarla por una persona sola.

En Iron Works he aprendido dos grandes lecciones que me han cambiado la vida. La primera: es bueno ser interesado. Odio cómo este término se ha convertido en sinónimo de «egoísta». Mi comunidad de compañeros de foro me ha demostrado que ser interesado no significa ser egoísta. Todos los meses, mis compañeros de Iron Works me preguntan sobre las cosas nuevas que he aprendido de mí. Sobre las cualidades que necesito trabajar para convertirme en un mejor padre, esposo y líder. Sobre de qué compromisos me he desprendido para poder centrarme mejor en lo que hago mejor. Pero *no puedes querer y servir a los demás hasta que te quieras y te sirvas a ti mismo*. Ése ha pasado a ser el lema de nuestro foro de Iron Works.

Y la segunda, he aprendido el valor de una conversación genuina. No me refiero a reunirnos con los colegas o las colegas para ver un partido o el último éxito de Netflix. Estoy hablando de desafiar a las personas más importantes de tu vida para que sean honestas con respecto a sus problemas, sus relaciones de pareja, sus ansiedades, sus miedos…, cualquier cosa de la que eviten hablar. Acostúmbrate a abordar con delicadeza estos temas difíciles. Si te resulta delicado, sólo debes saber que en este caso la ciencia me respalda. En un estudio destacado, los investigadores pidieron a los voluntarios que utilizaran un dispositivo de grabación durante unos días. Después de clasificar cada conversación grabada como «charla trivial» o «charla sustancial», los investigadores evaluaron el bienestar de los participantes para determinar sus niveles generales de felicidad. En efecto, las personas más satisfechas pasaron solas un 25 % menos de tiempo. Además, tuvieron el doble de charlas sustanciales y sólo un tercio de charlas triviales que los participantes más infelices. «Nuestros resultados plantean la interesante posibilidad de que se pueda aumentar la felicidad facilitando conversaciones sustanciales», concluyó el estudio.

¿Cuál es tu versión de Iron Works? ¿Tienes un grupo nuclear de hombres y mujeres que te hacen más fuerte? Es posible que tengas compañeros de golf, colegas de póquer, amigos del trabajo, un grupo de lectura, voluntarios de la iglesia y otras esferas de tu vida que rara vez se cruzan. Elige cinco o seis personas que respetes mucho y las relaciones de las que dependes, y comienza tu propio foro. Establece una fecha fija, tal vez sólo unas pocas veces al año, para «hacer vida» juntos lejos del estadio de béisbol, el bar y el otro andamiaje frágil que sustenta tantas amistades. Hazte vulnerable y rodéate de otros que estén dispuestos a hacer lo mismo. Esfuérzate por llenar tu estadio con 80 000 personas en cuya vida hayas influido positivamente, pero nunca olvides que tu fan número uno siempre debes ser tú.

Multiplica por diez tu influencia

Unas semanas antes de comenzar a escribir este libro, les pregunté a mis amigos qué pensaban de mis ideas. La mayoría se quedaron boquiabiertos cuando les pedí que se imaginaran entrando en un estadio repleto de 80 000 personas a las que habían influido a lo largo de su vida. Nunca lo habían pensado de esa manera. Algunos incluso me enviaron un mensaje de texto unos días después para decirme que no podían mirar de la misma manera a sus compañeros de trabajo, a sus clientes o incluso a las personas con las que se cruzaban todos los días. Se preguntaban si habían sido una buena o una mala influencia para estas personas.

Entonces, un día le conté a mi amigo Sean Lambert la idea de mi libro.

—¿Qué opinas? –le pregunté cuando terminé con mi perorata.

—No. No me gusta, Tommy –me respondió Sean después de rascarse pensativo la barbilla.

Me reí reflexivamente, asumiendo que estaba bromeando. Después de todo, había pasado más de dos años pensando en ese libro. ¿Qué clase de amigo diría que no le gustan mis ideas? Pero Sean no estaba bromeando.

—Hablo en serio, Tommy. No me gusta ¿Sólo dos o tres personas al día? ¿Solo 80 000 en una vida? ¡Eso no es nada! ¿Por qué te pararías en 80 000 personas? ¿Por qué no influir sobre 80 000 o 8 millones? Me parece que 80 000 es el mínimo indispensable. Por lo que me cuentas, las personas verdaderamente influyentes no se quedan en dos o tres personas al día. Multiplican por diez estas cifras.

Y entonces Sean se fue.

Me quedé allí sorprendido, hasta que me di cuenta: Sean tenía razón. Estaba obsesionado con influir sobre 2,8 personas al día, el mínimo. Podría pasear sonámbulo por la vida y aun así influir sobre la misma cantidad de personas. Nunca me detuve a pensar qué pasaría si realmente me propusiera practicar la influencia de las formas que he tratado en este libro.

El propio Sean es una de estas personas que multiplica por diez su influencia. Creció en un hogar modesto en Minneapolis y, como yo, tuvo problemas en la escuela. Sentía que le faltaba dirección y propósito. Consiguió un trabajo como repartidor en el supermercado local para pagar las facturas. Un día, un compañero de trabajo llamado Dale lo invitó a un estudio de la Biblia para jóvenes en la iglesia local. Las reuniones semanales inyectaron a Sean una energía que nunca había experimentado. Dale siguió invirtiendo en Sean e incluso lo invitó a que fuera supervisor en un campamento de verano que enseñaba la Biblia a estudiantes de sexto. Tuvo que dedicarle tiempo, pero la inversión de Dale valió la pena. Sean desarrolló habilidades de liderazgo que nunca pensó que tenía. Así lo escribió más tarde: «Descubrí el gozo de servir a los demás. Dale me dijo años después que se había fijado el objetivo de influir en la vida de una persona cada año, y en 1975 yo era esa persona». Sean estaba decidido a influir en los demás como Dale, pero tenía un pensamiento recurrente: en lugar de influir en una vida cada año, ¿qué pasaría si pudiera influir en diez vidas? ¿O sobre cien? ¿O sobre mil?

Unos años más tarde, Sean se unió a la organización de compromiso con la sociedad Juventud con una Misión (JCUM) y viajó a Tailandia, donde ayudó a miles de refugiados de guerra camboyanos y laosianos, y aprendió a atender a las personas abordando sus necesidades espirituales y prácticas. Durante la década siguiente trabajó con JCUM en Los Ángeles, movilizando a miles de jóvenes en programas de compromiso a corto plazo con la sociedad. En 1990, viajó con su hija pequeña, Andrea, y otros diecisiete miembros del personal de JCUM a Tijuana (México) para construir una casa para una familia sin recursos. Mientras Sean daba martillazos y pintaba bajo el calor abrasador, Andrea se acercó a un autobús abandonado. En su interior vivía una familia sin hogar, y rápidamente se hizo amiga de unas jóvenes que eran hermanas gemelas. Al día siguiente, le hizo a su padre una pregunta que cambiaría radicalmente su vida y la de muchos otros:

—Papá, ¿también vas a construir una casa para esa gente del autobús?

La pregunta resonó en el corazón de Sean durante el resto del viaje y continuó resonando cuando regresaron a Los Ángeles. Pensó en su mentor Dale, quien se comprometió a influir en una persona al año. Sean había construido una casa para una familia pobre, pero eso le parecía lo mínimo. ¿Qué le impedía construir dos, seis o diez más?

Sean no podía quitarse a la «gente del autobús» de sus pensamientos. Así que ocho semanas después regresó a Tijuana con un equipo de veinte estudiantes de Secundaria y construyó un hogar para la familia del autobús. La experiencia lo inspiró a comenzar un nuevo programa de compromiso de JCUM llamado Casas de Esperanza, dedicado a construir hogares para los pobres. Atravesaron muchos altibajos, pero construyeron doce casas en los siguientes doce meses. Al año siguiente construyeron veinticuatro. Se necesitaron doce años para llegar a las mil viviendas construidas, pero sólo cuatro más para llegar a las dos mil. Estiman que a finales de 2022 superarán las 7 500 viviendas construidas, involucrando a 140 000 voluntarios de Casas de Esperanza y ofreciendo un lugar en el que vivir a 37 500 personas en veinticinco países.

Aquí está el punto crítico sobre las personas como Sean: no multiplican por diez su número de compromisos. Como hemos visto en el capítulo anterior, ese tipo de pensamiento es insostenible y perjudica tus propias relaciones y tu propia felicidad. Más bien, multiplican por diez la única cosa en la que son mejores en el mundo, la única cosa que puede cambiar la mayoría de las vidas. Para Sean, es construir casas para los pobres. Para mí, es inspirar y enseñar a otros a ser líderes guiados por el corazón, y ejercer una influencia positiva en la vida de los demás.

Cuando reduces drásticamente el ámbito de tu influencia, no hay límite para lo que puedes conseguir. Pongamos como ejemplo a mi amigo Matthew Kelly. Nacido y criado en Sídney, Matthew es el cuarto de ocho hijos. Se educó como un católico comprometido, pero se volvió un culo inquieto y descontento con su fe, y su atención se desvió hacia la creación de un negocio. Comunicador natural, descubrió que tenía un don para hablar en público. En la universidad, pronunciaba discursos motivadores y rápidamente ganó devotos seguidores. Cuando tenía veinte años, Matthew ya era un orador a jornada completa que pronunciaba unos 250 discursos al año. Luego vinieron los libros de autoayuda, muchos libros de autoayuda. Yo, por mi parte, he publicado tres libros a los cincuenta y tres años. Pensé que era un buen logro hasta que descubrí que Matthew Kelly ya había publicado la misma cifra antes de cumplir veinticinco años. Desde entonces ha publicado unas dos docenas de libros más, que en conjunto han vendido más de cincuenta millones de copias en más de treinta idiomas. Es posible que en algún momento hayas oído su frase característica: «Conviértete en la mejor versión de ti mismo».

Cuando tenía unos treinta y años, Matthew era un autor y un orador extremadamente exitoso. Había fundado una empresa de consultoría de gestión empresarial que contaba con decenas de empresas Fortune 500 como clientes. Pero Matthew comenzó a sentirse quemado. Tenía los libros y las charlas y las consultas, pero lo estaban empujando en tres direcciones diferentes. Matthew tiene la energía de mil soles, pero la estaba utilizando para iluminar un millón de planetas. ¿Y si pudiera redirigir esa energía hacia algo que realmente le apasionara? ¿Qué pasaría si pudiera multiplicar su talento en un único propósito? Los amigos de Matthew también deben haber sentido su incertidumbre, porque un día quedaron en su casa y se lo dijeron:

—Matthew, tienes demasiado talento para seguir haciendo lo que estás haciendo. Los libros de autoayuda, la consultoría… todo eso es genial. Pero ahí no es donde radica tu verdadero propósito. No estás haciendo lo que más te importa: ayudar a tu iglesia.

Aunque había crecido como un católico devoto, Matthew había visto cómo la iglesia se consumía por los escándalos y la disminución de la asistencia. La iglesia estaba perdiendo relevancia para personas como yo, que creíamos firmemente, pero nos sentíamos desencantados con el rumbo que había tomado. Matthew se dio cuenta de que durante años había desarrollado estrategias para sus clientes corporativos a fin de mejorar el compromiso de los empleados. ¿Por qué nadie había hecho lo mismo con la Iglesia católica? Ese día, Matthew decidió que reduciría los viajes y la escritura y se centraría en ayudar a los católicos a redescubrir su amor por Dios. En 2009, formó una organización sin ánimo de lucro llamada Dynamic Catholic con la misión de «revitalizar la Iglesia católica en Estados Unidos mediante el desarrollo de recursos de primera clase que inspiran a las personas a redescubrir las excelencias del catolicismo». La primera prioridad de Matthew fue encargar un estudio de investigación a nivel nacional sobre la participación en la Iglesia católica. Los resultados fueron aleccionadores y claros: la Iglesia necesitaba modernizarse, necesitaba aceptar las críticas y traer de vuelta a los jóvenes al redil.

Y entonces Matthew se puso a trabajar. Presentó una visión para la iglesia e invitó a sus líderes a unirse a él. En la actualidad, de las 15 000 parroquias católicas de Estados Unidos, más de 12 000 utilizan al menos un programa de Dynamic Catholic. Su libro *Beautiful Hope*, publicado en 2017, incluía un ensayo del mismo papa Francisco. De hecho, fue gracias a Matthew que volví a conectar con mi propia fe católica. Después de mencionarle que tenía problemas para reconciliarme con la Iglesia, me invitó a hablar en la sede de Dynamic Catholic en Cincinnati. Pasé la noche con su increíble personal, principalmente jóvenes, como Jack Beers, que se sentían entusiasmados por ayudar a los católicos y a sus parroquias a convertirse en las mejores versiones de sí mismos. Me inspiraron a aceptar por qué me había alejado de la Iglesia y por qué deseaba tan desesperadamente regresar.

Déjame contarte la parte más hermosa de multiplicar por diez la influencia. Claro, hay personas influyentes como Sean Lambert que literalmente están salvando vidas. Hay personas influyentes como Matthew Kelly que por sí solos están reformando la institución más antigua del mundo. Pero la mayoría de los usuarios que multiplican por diez la influencia viven vidas mucho más tranquilas. Considera el ejemplo de mi amiga Lisa Haselden. La podrías haber disculpado si no hubiera resultado ser una persona muy agradable. Su padre era un alcohólico que se alejó de su vida cuando ella era una adolescente. No lo ha visto en más de veinte años. Además, la madre de Lisa tuvo que luchar contra una enfermedad mental y no podía hacer de madre. Fue verbalmente agresiva con Lisa durante toda su infancia. La situación era tan dolorosa que Lisa nunca aprendió a llamar a su madre «mamá»; simplemente era Sharon. He trabajado con miles de niños a lo largo de mi vida y sé lo difícil que es tener una madurez normal cuando tus padres están tan jodidos. Puede llevar años o incluso décadas de terapia desarrollar empatía y recuperar la fe en otras personas.

Lisa, sin embargo, es una persona de estas que vale por diez. Cuando tenía veinte años, conoció a su alma gemela, Byron, y una de las primeras cosas que hicieron como pareja casada fue comprar una casa para la persona a la que Lisa nunca podría llamar mamá. Cuando el padre de mi esposa, Ernie, falleció hace unos años, Lisa hizo un viaje de dos horas para ir a su funeral a pesar de que apenas lo conocía. Cuando nuestro amigo Mark Burke murió repentinamente, Lisa hizo del cuidado de su familia su trabajo a jornada completa. Incluso ayudó al hijo de Mark a comprar un anillo de compromiso para que pudiera proponerle matrimonio a su novia. Una vez le pregunté cómo podía ser tan generosa después de la infancia tan terrible que tuvo.

—Nací en un hoyo muy profundo, Tommy, pero estoy escalando para salir sirviendo a tantas personas como puedo. Lo hago tanto por mí como por ellos –se limitó a decir.

Lisa es la persona influyente del día a día más implacable que conozco, y es la prueba viviente de que las personas que multiplican por diez su influencia no tienen que ser celebridades con millones de seguidores en las redes sociales. No tienen que reformar instituciones de dos mil años de antigüedad ni construir cientos de viviendas para los pobres ni gestionar organizaciones multinacionales sin ánimo de lucro. La versión de Lisa de multiplicarse por diez consiste simplemente en despertarse por la mañana y preguntarse: «¿A quién puedo servir hoy en mi comunidad?».

Hasta ahora, quería que pensaras en el número 80 000: la cantidad de personas en las que una persona normal influye a lo largo de su vida. Pero en un mundo lleno de gente normal —en un mundo lleno de gaviotas–, ¿qué pasaría si pudieras ser excepcional? Considera qué significa para ti vivir una vida como las que acabamos de comentar. ¿Qué es aquello que haces mejor, que tiene la capacidad de inspirar a otros y cambiar sus vidas? ¿Cómo puedes simplificar tu vida para que tengas el tiempo, la energía y el amor para dedicarte a ello?

Durante muchos años, evité estas preguntas. Me contentaba con escribir libros y viajar por el país dando charlas sobre liderazgo. Pensé que ésta era la mejor manera que tenía para poder influir positivamente en la vida de los demás. Pero luego pasó una cosa divertida. Unos meses después de terminar el primer borrador de este libro, estaba alojado en un hotel en Miami cuando me encontré nada menos que con Sean Lambert en la piscina.

Cuando mencioné que acababa de terminar el libro que tienes entre tus manos, frunció el ceño.

—Oye, Tommy, espero no haberte ofendido esa vez que dije que no me gustaba tu idea. Es sólo que creo que Dios te puso en la Tierra para hacer algo más que vender libros y preparar gente de negocios. Creo que millones y millones de personas deberían escuchar tu mensaje. ¿Cuál crees que es la mejor manera de hacerlo?

Y entonces, de nuevo, Sean se fue.

La verdad es que sabía cuál era la mejor manera de multiplicar por diez mi influencia, pero tenía demasiado miedo de perseguirla. Había entendido mi sueño desde que entré hace treinta y cinco años en el auditorio de Suffern High School y vi la presentación de Up with People. Ese día descubrí el poder de la comunidad, la diversidad y la música. Cuando me uní a esa organización, vi de primera mano lo que pasaba cuando jóvenes de todos los ámbitos de la vida, de todos los rincones del mundo y de todas las razas, etnias y religiones, se unían para construir puentes de entendimiento.

Después de que Sean me desafiara por segunda vez, me di cuenta de que tenía que retroceder a mis raíces y volver al lugar donde había comenzado todo. Mis décadas de experiencia en la creación de dos organizaciones sin ánimo de lucro y una empresa de capacitación en liderazgo me llevarían de vuelta al auditorio de la escuela de secundaria, esta vez a cargo de mi propio programa nacional de liderazgo para jóvenes. Incluso tenía muy claro cómo quería llamar a nuestro movimiento: Red, White, and YOU.[1] Mi objetivo de multiplicar por diez es llegar a todas las escuelas de secundaria de Estados Unidos con un elenco de niños que se vean, hablen y canten como estadounidenses. Negros, blancos, homosexuales, heterosexuales, católicos, ateos, liberales, conservadores, cantantes de country y raperos: todos ellos serán

---

1. «Red, White, and YOU» («Rojo, blanco y tú») es un guiño a «Red, White, and Blue» («Rojo, blanco y azul»), epíteto de la bandera estadounidense. *(N. del T.)*

191

bienvenidos. Enseñaremos a los estudiantes a querer a su país, a querer a sus compañeros de clase y a quererse a sí mismos. Inspiraremos a los jóvenes a apreciar las delicadas libertades de que disfrutan y a retribuirlo de la manera que puedan. Red, White, and YOU les recordará una vez más a los jóvenes estadounidenses que no se trata de lo que tu país puede hacer por ti, sino de lo que tú puedes hacer por él. Con ese tirón de orejas de mi amigo Sean, por fin decidí multiplicar por diez mi influencia, y no puedo esperar qué nos depara el futuro.

¿Cuál es tu sueño de multiplicar por diez la influencia? Si tus amigos te encerraran en una habitación y se negaran a dejarte salir hasta que se te ocurriera una idea para potenciar tu influencia, ¿cuál sería? Cuando descubras cuál es, sal y llena tu estadio, y luego llena otro. Llena diez estadios más con seguidores gritando y cuyas vidas son diez veces mejores gracias al don de tu influencia. Durante este proceso, pasará algo hermoso: como he aprendido una y otra vez, cuando la vida te juega una mala pasada, cuando tocas fondo, cuando necesitas desesperadamente un águila para elevarte y remontar el vuelo, encontrarás diez estadios llenos de gente dispuesta a devolverte diez veces tu don de la influencia.

Epílogo

TRES PREGUNTAS

Hace unos años, antes de que comenzara a escribir este libro, Jill y yo acudimos a una cena en Denver y nos sentamos junto a una extraordinaria mujer llamada Tina. Nos pusimos a hablar y Tina nos explicó que trabajaba en un centro de cuidados paliativos para pacientes con cáncer terminal. Cuando le pregunté a Tina qué era lo más importante que había aprendido en su trabajo, se quedó pensativa unos instantes antes de explicar que muchos de sus pacientes no tienen familia. Está enormemente orgullosa de bañarlos, ayudarlos a vestirse y atender sus necesidades médicas. Pero su lección más importante provino de escuchar sus historias y simplemente ser testigo de sus últimos días.

—Lo más importante que he aprendido –continuó Tina– son las tres preguntas que todos mis pacientes hacen: ¿Me han querido? ¿He correspondido a ese amor? ¿He contribuido a algo? Éstas son las preguntas que mis pacientes me formulan una y otra vez. Ése es su legado, y es mi trabajo aprender todo lo que pueda sobre sus vidas, tranquilizarlos y brindarles paz antes de que fallezcan. No sabéis lo agradecida que les estoy. Puedo hacerme estas preguntas ahora que todavía hay tiempo de rectificar.

Por alguna razón, esa misma noche, mi mente divagó hasta mi primer año en la Universidad de Carolina del Este. En el otro lado del pasillo donde tenía la habitación, vivía un estudiante llamado Steve, que creció en las islas Outer Banks (Carolina del Norte). Unos años antes, Steve y sus amigos salieron de pesca de fin de semana en una barca. Se alejaron unas cien millas de la costa, más allá de la plataforma continental, donde el océano tiene más de 1500 metros de profundidad. Al final de un día sofocante, Steve se quitó la camisa y se zambulló de cabeza en el agua. Justo en ese momento, en esa pequeña franja de océano remoto, pasó nadando una tortuga marina gigante. Steve golpeó su cabeza contra el caparazón y quedó instantáneamente paralizado de cintura para abajo. Fue un extraño accidente, inquietantemente similar a lo que le sucedió a mi amigo Chad Harris, a quien hemos conocido en este libro. Steve me explicó que había aceptado su increíble desgracia, pero a veces no podía evitar preguntarse «¿Por qué yo?». Cuando estaba sentado en ese avión de Southwest Airlines, rezando para que se estrellara, pensé lo mismo: «¿Por qué yo? ¿Por qué estoy tan deprimido? ¿Por qué todo me sale mal? ¿Por qué mi mundo se desmorona?».

Me di cuenta de que la mayoría de nosotros nos obsesionamos con la pregunta «¿Por qué yo?» para el resto de nuestra vida. Remuerde nuestros cerebros en nuestros peores momentos. ¿Por qué el padre de Anthony me odia? ¿Por qué fracasó mi negocio de sándwiches? ¿Por qué Dios me dio dislexia? ¿Por qué me dio un ceceo? ¿Por qué puso una tortuga marina debajo de esa barca? Nunca obtenemos respuestas a estas preguntas —y nunca las obtendremos— y, sin embargo, nos desesperamos por la injusticia de todo esto. No es hasta que nos enfrentamos a la muerte que finalmente hacemos las tres preguntas que importan. Las tres preguntas que realmente podemos responder si entendemos la influencia que tenemos sobre la vida de los demás.

¿Me han querido? ¿He correspondido a ese amor? ¿He contribuido a algo?

Imagina ser capaz de responder a estas preguntas antes de que seamos viejos, antes de que nuestros cuerpos nos fallen y quedemos al cuidado de almas gentiles como la de Tina. En lugar de preguntarnos «¿Por qué yo?», ¿qué tal si nos acostáramos cada noche repitiéndonos en voz baja «Soy querido. Me encanta corresponder a ese amor. Estoy haciendo una contribución»? ¿Cuán maravilloso sería esto?

El 17 de octubre de 2021, unas semanas después de terminar el primer borrador de este libro, me encontré preguntándome otro «¿Por qué?». Acababa de recibir la desgarradora noticia de que la hija de mi prima, Madelyn Nicpon, había muerto atragantada durante un concurso de comer perritos calientes para recaudar fondos para obras de caridad. Sólo tenía veinte años. Fue un extraño accidente, uno entre un millón.

«¿Por qué ella? ¡¡Oh, Dios!, ¿por qué?», pensé.

Madie creció en mi ciudad natal, Suffern (Nueva York) y era todo lo que yo no era a su edad. Tenía un GPA de 4,0 y era copresidenta de la National Honor Society y jugadora estelar de hockey sobre hierba y *lacrosse*. Cuando se matriculó en la Universidad de Tufts, tenía la intención de estudiar medicina y convertirse en pediatra. Era una de esas raras personas que destaca en todo lo que hace y sabía exactamente cuál era su propósito en la vida. Era una verdadera águila.

Unos días después, volé a Nueva York para el funeral. Esperaba que acudiera a él una multitud: su familia, sus amigos de la escuela de secundaria y de la universidad, sus compañeras de equipo de *lacrosse*, tal vez algunos entrenadores y profesores. Lo que vi casi me hizo poner de rodillas. Miles de personas habían acudido a la Iglesia de la Presentación en Saddle River (Nueva Jersey). En varios autocares viajaron centenares de estudiantes de la Universidad de Tufts que habían hecho el viaje de 340 kilómetros desde Boston para despedirse de Madie, o de Scooter, como cariñosamente la llamaban. Sus compañeros de clase de la escuela de secundaria habían volado desde universidades de todo el país para despedirse. En total, más de 5 000 personas esperaron fuera de la iglesia para darle el último adiós. El sacerdote que dirigió el servicio dijo que era la multitud más grande que jamás había visto en un funeral.

Durante el memorial, la gente contó historias sobre cómo Madie siempre ponía a los demás por delante. Cómo animaba a los demás con su risa contagiosa. Cómo se ofreció como voluntaria en un equipo de urgencias médicas. Cómo viajó dos veces a Jamaica en misiones para ayudar a huérfanos y niños con discapacidades. Cómo ayudó a que los niños y sus padres se sintieran cómodos en el consultorio del pediatra donde trabajaba a tiempo parcial. En ese momento, me encontraba sentado en el estadio de Madie, rodeado de miles de desconocidos que la querían tanto como yo.

Entonces descubrí algo que desconocía de Madie. Después de necesitar un injerto de nervio tras una cirugía de muelas del juicio, se convirtió en una incansable defensora de la donación de órganos. Cuando Madie murió, su cuerpo fue mantenido en soporte vital para que sus órganos pudieran ser preservados. Sus hermosos ojos dieron la vista a un paciente ciego. Sus riñones salvaron la vida de dos mujeres. Su tejido, sus pulmones, sus huesos y sus nervios cambiarán la vida de muchas personas más. Madie sólo vivió veinte cortos años, pero su influencia perdurará en el tiempo.

Nunca sabré por qué nos quitaron a Madie tan pronto. Pero sí sé una cosa: nunca fue una persona que se preguntara «¿Por qué yo?». Después de ver tantos autocares llenos de gente que acudía al funeral, después de ver a los miles de personas que la querían y que también eran queridas por ella, después de escuchar las historias de cuánto contribuyó y devolvió a su comunidad, lo tuve claro. Sabía que todos los días confiaba en las respuestas a las tres preguntas de Tina. ¿Me han querido? ¿He correspondido a ese amor? ¿He contribuido a algo? Su legado seguirá respondiendo estas preguntas a quienes no la conocieron.

La vida de Madie es un testimonio del poder imborrable de la influencia positiva: cómo cualquier persona –desde profesores de secundaria hasta jugadores de hockey, líderes de bandas callejeras, monjas católicas, estudiantes universitarios veinteañeros y tú, que ahora mismo estás leyendo estas palabras– puede cambiar radicalmente vidas sólo con elegir hacerlo. Podemos vivir una gran vida de influencia hablando menos y escuchando más, invirtiendo en la vida de los demás sin esperar nada a cambio, ayudando a nuestros seguidores a tener más éxito que nosotros mismos, eligiendo querer a personas que no se encuentran en nuestra órbita inmediata, y, sobre todo, manteniendo la humildad.

No puedo responder a los «¿Por qué yo?» que te formulas a lo largo de tu vida. Tendrás que buscar las respuestas en otro lado. En cambio, esto es lo que te puedo prometer: si te dedicas a una vida de influencia positiva –animando a los demás cuando están deprimidos, abrazándolos cuando se sienten abandonados y actuando cuando lo necesitan–, te prometo que no tendrás que preguntarte «¿Me han querido? ¿He correspondido a ese amor? ¿He contribuido a algo?».

Porque ya sabrás la respuesta.

Agradecimientos

He pasado los últimos dos años pensando mucho más en el estadio de 80 000 asientos en el que estaré que en quién animará en el mío. Hay muchas personas especiales que han hecho de *El arte de influenciar* algo de lo que estoy increíblemente orgulloso. Estoy vitoreando a todo pulmón a las siguientes personas y a sus increíbles dones de influencia:

A mi escritor fantasma, Nick Bromley, por su constante paciencia y profesionalismo.

A mi agente literario, Michael Palgon, por sacar lo mejor de estas páginas, pero también lo mejor de mí.

A mi editora y querida amiga, Tina Constable, por creer en lo que tengo para compartir con el mundo.

A mi editor, Derek Reed, y a todo el equipo de Penguin Random House, gracias por poner tanto amor y atención en este proyecto.

A nuestro equipo del Tommy Spaulding Leadership Institute: Chelsey Panchot, Kaylee Hanson, Mitch McVicker y Lauren O'Grady. Los cuatro hacen que pase TODO. Gracias por cambiar vidas conmigo cada día.

A mi colega y amiga Catie Hargrove, gracias por poner tu corazón y tu alma en nuestros retiros de Heart-Led Leader.

A mi foro Iron Works Men. Me encanta hacer vida con vosotros, Brian Flegel, Chase Shaw, Jon Sefton, Doug Ecklund, Craig Porter y Matt Fryar.

A mis mentores Bill Graebel, Jerry Middel, Walt Rakowich, Steve Arterburn, Frank DeAngelis y Scott Lynn. Soy quien soy hoy gracias a vosotros seis.

A todos los donantes y voluntarios de la Ben Graebel National Leadership Academy y de la Global Youth Leadership Academy, gracias por ayudar a cambiar los corazones y las mentes de miles de líderes jóvenes.

A Beth Sargent y a mis queridos amigos directores generales en Florida Club Managers Association of America (FLCMAA) y Club Management Association of America (CMAA), gracias por ayudarme a llevar el liderazgo impulsado por el corazón a la industria de los clubes.

A Corey Turer, Garry Dudley, Bobby Creighton, Lisa y Byron Haselden, Ted Trask, Scott Diggs, Joe Krenn, Chris Hennessy, Charlie Host, Matt Lambert, Chip Misch, Chris Kisch, Terry Adams y Andy Newland. Vosotros sois los mejores amigos que una persona podría desear.

A mis padres, Tom y Angie Spaulding y a Diane y Lou Marino, por su amor incondicional y confianza en mí.

A mis hermanas, Lisa Marie y Michele Joy. Nuestro abuelo tenía razón: las tres cosas más importantes en la vida son la familia, la familia y la familia.

A mi esposa, Jill, gracias por el regalo de tu influencia, por el regalo de tu amor y por ser el mejor ser humano que conozco. «Hogar» es sólo otra palabra para ti.

A nuestros hijos, Anthony, Caroline y Tate. Vuestra madre y yo estamos increíblemente orgullosos de veros a los tres volar como águilas.

Y toda la gloria a mi Padre celestial. «Y a todo puedo hacer frente, pues Cristo es quien me sostiene» (Filipenses 4:13).

Acerca del autor

Tommy Spaulding es el fundador y presidente del Tommy Spaulding Leadership Institute, una empresa de desarrollo de liderazgo, oratoria, capacitación y *coaching* ejecutivo con sede en Denver (Colorado). Como orador de renombre mundial sobre liderazgo, Spaulding ha hablado ante miles de organizaciones, asociaciones, instituciones educativas y corporaciones de todo el mundo. Su primer libro, *It's Not Just Who You Know: Transform Your Life (and Your Organization) by Turning Colleagues and Contacts into Lasting, Genuine Relationships*, publicado por Penguin Random House en 2010, se situó rápidamente en las listas nacionales de libros más vendidos del *The New York Times*, el *The Wall Street Journal* y el *USA Today*. Su segundo libro, *The Heart-Led Leader*, publicado por Penguin Random House en 2015, es un superventas nacional según el *The New York Times* y el número uno según el *The Wall Street Journal*, y también figura en la lista de los 100 mejores libros de negocios de Inc.com. Spaulding ascendió hasta convertirse en el presidente y director ejecutivo más joven de la célebre organización de liderazgo Up with People. Es el fundador y presidente de la Global Youth Leadership Academy y de la National Leadership Academy, ambas organizaciones nacionales de desarrollo de liderazgo altamente aclamadas. Anteriormente, Spaulding fue gerente de ventas de socios comerciales en IBM/Lotus Development y miembro del programa Japan Exchange and Teaching (JET). Licenciado en Ciencias Políticas por la Universidad de Carolina del Este (1992), tiene un máster en Administración de Empresas de la Universidad de Bond en Australia (1998), donde fue becario embajador de buena voluntad de Rotary

International, y un máster en gestión sin fines de lucro de la Universidad Régis (2005).

En 2006, Spaulding fue premiado con el Outstanding Alumni Award por la Universidad de Carolina del Este, y en 2007 fue nombrado doctor *honoris causa* en Humanidades por el Art Institute de Colorado. En 2012, la revista *Meetings & Conventions* mencionó a Spaulding entre los cien mejores oradores del país. Spaulding vive en Denver (Colorado) y Faribault (Minnesota), con su esposa y sus hijos.

tommyspaulding.com

Índice

CHRISTEL PETITCOLLIN

¡NO TENGO LOS CÓDIGOS!

Comprender por fin
el mundo que nos rodea

EDICIONES OBELISCO

La cultura llamada «normopensante» tiene sus códigos y su lógica, que en general se escapan de la comprensión de las personas atípicas (los sobreeficientes, los hipersensibles, los «piensa-demasiado»). Como todas las culturas, ésta tiene sus fortalezas y sus debilidades, sus mitos fundadores inamovibles, una forma de sabiduría y también sus límites. Al no conocer ni comprender sus resortes, las personas atípicas muchas veces están desvalidas, heridas, incluso en actitud rebelde frente a ese mundo que no comprenden. Debido a este desconocimiento, se sienten desplazadas, acumulan las meteduras de pata y a veces se muestran crueles con su entorno. Este trabajo, guía benévola para uso de los atípicos, es un manual de instrucciones que los ayudará a aceptar mejor su diferencia y a comprender el mundo en el que viven.

Dr. Mark Goulston • Philip Goldberg

DEJA DE AUTOSABOTEARTE

Cómo superar
los comportamientos contraproducentes

LECCIONES PRÁCTICAS PARA VENCER
LA PROCRASTINACIÓN, EL MIEDO, LA ENVIDIA,
LA DEPENDENCIA, LA CULPA Y MÁS

EDICIONES OBELISCO

Los comportamientos contraproducentes son el motivo más común por el cual la gente recurre a la psicoterapia. Estas conductas son un veneno que nos impide obtener el amor, el éxito y la felicidad que deseamos en nuestras vidas. Y lo que es realmente frustrante es sentir que tenemos que cambiar y no saber cómo hacerlo –o bien sí lo sabemos, pero somos incapaces de lograr que el cambio sea duradero. *Deja de autosabotearte* es un antídoto: explica por qué nos saboteamos a nosotros mismos, y hacemos una regresión para repetir las diferentes conductas de nuestra infancia. Y lo que es más importante: su lectura nos ofrece una línea de acción comprobada para transformar nuestro comportamiento, haciendo que deje ser contraproducente y nos ayude a mejorar en todos los sentidos.

Con anécdotas y reflexiones útiles obtenidas a lo largo de veinte años en la práctica de la psiquiatría clínica, el Dr. Mark Goulston comparte las ideas que han ayudado a miles de pacientes a superar el dolor, el miedo y la confusión para afrontar los desafíos de la vida con dignidad, sabiduría e incluso humor.

Deja de autosabotearte ofrece unos pasos prácticos para avanzar hacia el cambio que puedes incorporar a tu vida cotidiana, con el fin de que dejes de ser tu peor enemigo y convertirte en tu mejor amigo.